흔들리지 않는
걱정의 힘

DO WORRY

불안을 기회로 바꾸는 극적인 전략

BE HAPPY

흔들리지 않는 걱정의 힘

정우석 지음

THE NAN
더난콘텐츠

흔들리지 않는
걱정의 힘

초판 1쇄 인쇄 2021년 5월 20일
초판 1쇄 발행 2021년 5월 31일

지은이 정우석
펴낸이 신경렬

편집장 유승현
편집 김정주
마케팅 장현기 홍보 박수진
디자인 엔드디자인
경영기획 김정숙 김태희
제작 유수경

펴낸곳 (주)더난콘텐츠그룹
출판등록 2011년 6월 2일 제2011-000158호
주소 04043 서울시 마포구 양화로12길 16, 7층(서교동, 더난빌딩)
전화 (02)325-2525 | 팩스 (02)325-9007
이메일 book@thenanbiz.com | 홈페이지 www.thenanbiz.com

ISBN 978-89-8405-405-9 03320

미래의 가능성을
만드는
강력한 무기

"걱정하지 마, 다 잘될 거야."

흔히 하는 위로의 말이다. 나는 이 말을 참 많이 들었던 시기가 있었다. 그런데 작은 걱정으로 고민할 때 힘이 되던 이 말이 큰 걱정 앞에서는 무용지물이었다. 수년 전, 스카웃 제의를 받고 옮겼던 유망 스타트업 회사가 갑자기 무너지면서, 계속 승승장구하던 커리어는 바닥으로 떨어졌고, 잘못된 투자로 심각한 경제적 타격까지 받은 일이 있었다.

의도치 않게 주변 사람들에게까지 피해를 주게 됐으며, 소중한 지인들과의 관계마저 크게 흔들렸다. 가족에게도 못난 가장의 모습을 보일 수밖에 없었다.

걱정이 걱정을 낳고 눈덩이처럼 커지는 걱정으로 잠을 이루지 못하는 날이 부지기수였다. 눈을 감으면 새로운 걱정이 자꾸 생기니 나중에는 눈이 감기는 일조차 걱정이 되었다. 자도 걱정 먹어도 걱정 그러니 '걱정하지 마'라는 말은 내게는 시쳇말이나 다름없었다. 오히려 걱정만 더 커졌다. 온갖 걱정이 산을 이루고 그 속에 나를 가두게 되고 말았다. "코끼리는 생각하지 마"라고 말하면 듣는 사람이 오히려 코끼리를 생각하게 된다는 조지 레이코프의 실험처럼 걱정의 프레임 속에 갇히고 말았다.

그런데 만약 정말 걱정을 하지 않으면 모든 일이 잘될까? 세상에는 '걱정은 시간 낭비'라거나 '걱정은 불필요'하다는 의미의 격언들이 넘쳐난다. 그만큼 사람들은 '걱정하게 되는 것'을 경계한다. 이것 또한 일종의 걱정인데도 말이다. 이쯤되면 내가 하는 말이 다람쥐 쳇바퀴 돌듯이 제자리로 돌아오는 느낌이 들지 않는가? 맞다. 걱정은 우리가 벗어날 수 없는 거대한 바퀴다. 다가오는 미래를 누구도 막을 수 없고 벗어날 수 없는 것과 같다. 그렇다. 걱정은 미래다.

나는 미래전략가다. 미래전략가는 앞으로 일어날 가능성 있는 여러 사건들을 예상해보는 일을 한다. 현재의 조건과 상황에 맞춰 합리적으로 예측할 수 있는 것들의 시나리오를 만들어 제시하는 것이다. 어쩌면 근미래의 현실을 설계하는 시나리오 작가라고 볼 수도 있겠다.

미래예측가라고 잘못 알려진 경우도 있으며, 그런 이름 덕분에 시나리오대로 미래가 다가오지 않을 때 '예측이 틀렸다'는 비난을 받기 쉽다. 그러나 시나리오는 실제에 가까운 시뮬레이션이다. 항공기 조종사 교육도 많은 시간 가상 시뮬레이션을 통해 이루어지고, 자동차 운전면허 시험 연습도 실내에서 시뮬레이션으로 하는 게 낯설지 않은 세상이다. 실제는 아니지만 시뮬레이션만으로도 충분한 교육 효과가 있기 때문이다.

이렇듯 미래전략도 '예언'이 아닌 시뮬레이션으로 생각하고 접근하기 바란다. 가상 시나리오를 여러 가지 만들어서 철저히 시뮬레이션하면서 '경우의 수'를 대비한다면 불확실한 미래에 대한 불안이 조금이라도 줄어들 것이다. 그런데 여러 '경우의 수'를 따져보는 데 큰 힘을 발휘하는 것이 바로 '걱정'이다.

"천석꾼에 천 가지 걱정 만석꾼에 만 가지 걱정."

재산이 많으면 그만큼 걱정도 많다는 말이다. 그런데 우리가 간과하는 것이 있다. 그만큼 많은 걱정을 하기 때문에 더욱 부자가 될 수 있었다는 점이다. 수많은 '걱정 시나리오'들이 부자들의 머릿속에서 작동하면서 미래전략이 수립되고 위험에 대비할 수 있기 때문이다.

지금은 걱정할 때다. 지금처럼 불안하고 불확실성이 커진 시대에는 걱정을 제대로 해야 한다. 사람들이 걱정을 경계하는 이유는 기분 나빠지는 단어라는 이미지 때문만이 아니다. 쓸데없는 걱정, 중요하지 않은 걱정, 걱정을 위한 걱정 등에 소중한 시간과 에너지를 빼앗기기 때문이다.

걱정은 사고의 과정이다. 방향이 잘못되면 걱정만큼 인생을 갉아먹는 벌레도 없다. 그러나 방향이 올바른 걱정은 미래의 전략을 만든다. 얼마든지 나와 공생할 수 있다. 걱정은 문제해결을 위한 최고의 도구이자 전략적 자산이다. 걱정은 대상을 논리적으로 상상하는 것이다. 이 상상력을 컨트롤해서 시나리오를 만드는 것이 미래전략의 일부다.

그렇지만 우리는 '걱정하는 법'을 배운 적이 없다. 걱정을 없애거나 회피하려고만 해왔다. 이것이 문제다. 이제 걱정은 자연스럽고 본능적인 것이라는 것을 인정하자. 자연스러운 걱정은 야생마처럼 길들여지지 않았다. 섣불리 다가서다가는 뒷발에 치이기 십상이지만 제대로 잘 훈련시키면 훌륭한 명마(名馬)가 될 수 있다. 불안한 세상을 걱정이 혼자 멋대로 뛰어다니게 내버려둬서는 안 된다.

나는 걱정을 경영(manegement)해야 한다고 본다. 걱정을 경영하는 일은 걱정이라는 야생마를 명마로 훈련시키는 일이다. 지금부터 이 걱정 '마(馬)'를 잘 길들여보자. 야생마는 어디로 뛰어갈지 모르지만 명마는 주인을 태우고 천 리를 달린다. 그래서 수많은 난세의 영웅들이 그토록 명마를 얻고자 노력했던 것이다. 우리도 걱정을 명마로 탈바꿈시켜서 험난한 시절을 헤쳐나가보자.

이 책은 개인과 조직이 걱정을 어떻게 다루면 탁월한 성과를 얻어

낼 수 있는지 탐구하고 있다. 다시 말해 '걱정이 어떻게 비즈니스의 무기가 되는가'를 설명하고 있다. 하지만 직장인이나 기업의 리더는 물론이고 개인의 삶에도 충분히 응용해 적용할 수 있다.

우리의 작은 힘으로 세상을 바꾸고 사회 구조를 혁신할 수는 없다. 그렇다면 최소한 내가 마주할 미래만이라도 통제할 수 있는 영역으로 끌어와야 한다. 미래의 불안을 해소하는 주요한 방법이 걱정이다. 걱정을 제대로 한다면 미래는 희망찬 방향으로 바뀌게 된다.

이 글을 읽는 사람들이 걱정에 대한 편향된 시점을 바꾸고, 걱정을 더 나은 미래를 위한 유용한 무기로 사용할 수 있기를 '제대로' 걱정해본다.

제1장

DO WORRY

불안이 돈이다

BE HAPPY

── 소비자를 무너뜨리는 법

●

　최근 젊은 세대들이 새롭게 관심 갖는 스포츠로 씨름이 있다. 예능 프로그램 MC로 활약 중인 강호동이 씨름 선수였다는 것은 유명하다. 강호동이 천하장사가 될 때 승리할 수 있었던 가장 중요한 이유는 무엇일까? 체격이나 힘일까? 아니면 샅바 잡기나 발기술, 허리 기술 같은 씨름 기술일까? 아니다. 바로 '중심 잡기'다. 씨름은 샅바는 놓치더라도 무게 중심은 잡고 있어야 질 확률이 줄어든다. 중심을 잡고 있어야 기회가 오고 상대의 허점을 파고들 수 있다. 그럼 상대는 어떻게 이길까? 상대의 중심을 무너뜨리면 된다. 나의 중심은 단단히 잡고, 상대를 흔들어 중심을 무너뜨리는 것. 이것이 씨름에서 이기는 법이다.

유도의 경우도 비슷하다. 유도는 경기가 시작되면 치열한 '잡기 싸움'이 벌어진다. 잡아당기거나 밀어서 상대의 무게 중심을 흔들기 위해서다. 그러다 무게 중심이 내 쪽으로 넘어온 순간, 상대 도복 깃을 확 잡아챈 후 상대 품을 파고들며 업어치기 하면 그것이 바로 시원한 '한판'이 되는 것이다. 올림픽에서 '한판승의 사나이' 이원희 선수나 최민호 선수가 금메달을 따던 순간의 짜릿함이 다시 떠오르지 않는가? 모든 잡기류와 격투류 스포츠 경기는 자기의 중심은 지키고 상대의 중심을 무너뜨리는 싸움이다. 또한 축구에서도 페인팅 드리블을 이용해 수비수의 중심을 무너뜨린 후 돌파하는 기술을 사용하기도 한다.

비즈니스 세계도 마찬가지다. 기업과 소비자 사이 또는 기업과 기업 사이에 이런 싸움이 벌어진다. 기업은 소비자의 욕구를 파악해 재화와 가치를 제공함으로써 이윤을 창출한다. 하지만 그 이면에는 '흔드는 자'와 '버티는 자'의 치열한 한판 싸움이 벌어진다. 소비자 마음을 흔들어 지갑을 열게 하려는 기업과 돈 쓰지 않겠다고 버티는 소비자와의 치열한 기(氣) 싸움 말이다. 오늘날 성공한 많은 기업은 다양한 심리적 도구로 소비자를 흔들어 승리한다. 놀라움, 감동, 실망, 분노, 초조함 등 수많은 감정이 소비자를 흔드는 도구다. 그중 가장 잘 먹히는 도구 중 하나가 뭘까? 바로 '불안(不安)'이다. 불안은 '안도감이나 확신이 상실된 심리상태'다. 뭔지 모를 불확실한 위협을 감지해 맞서거나 도망가게 만드는 신호다. 기업이 소비자와의 기

싸움에서 이기는 비법은 단순하다. 불안을 주입해 소비자의 마음은 흔들고, 동시에 해결책을 제시해 지갑을 열게 하는 것이다.

── 무섭게 흔들어라

●

두려움은 모든 부정적 감정의 근원이다. 불안 역시 두려움이라는 기초 위에 서 있다. 두려움을 자극해 불안을 일으키는 것, 이것이 바로 '공포 마케팅'이며 즉각적인 효과를 볼 수 있는 이유다. 이 감정을 자극하면 소비자의 마음은 비교적 쉽게 흔들린다. 왜 부모는 기를 쓰고 자식들을 공부시키려 할까? 약육강식 사회에서 남들보다 뒤처질 수 있다는 두려움 때문이다. 왜 사람들은 보험에 가입하고 위생에 신경을 쓰고 몸에 좋은 음식을 먹는 것에 집착할까? 죽음과 질병의 두려움 때문이다. 생활고에 시달려도 명품 가방과 좋은 옷을 사려는 이유는 뭘까? 무시 받고 소외될 수 있다는 두려움 때문이다. 감당할 수 없는 부채를 끌어안고서라도 투자하고 집을 사려는 이유 역시 지금 아니면 사지 못할 수 있다는 두려움 때문이다. 이 때문에 폭등하는 부동산 가격에 공포를 느껴 주택구입을 하는 '패닉 바잉(panic buying)'이라는 현상까지 생겨나기도 했다.

두려움은 회피하거나, 집착하거나, 분노를 일으킨다. 두려움이 쌓일 대로 쌓이면 패닉(panic)이 된다. 패닉에 빠지면 극단적 행동을 하게 된다. 정치적으로는 폭동과 반란을 일으킬 수 있고, 경제적으로는 환율, 주식 그리고 부동산을 폭락시킬 수 있으며 심지어 한 나라를 디폴트(파산)에 빠뜨리기도 한다. 그래서 두려움은 가장 강력한 행동의 동인(動因)이다. 눈치 빠른 기업은 두려움을 자극하면 소비자의 마음을 쉽게 움직일 수 있다는 점을 안다. 정치인이나 종교인 역시 두려움이라는 감정을 의도적으로 이용해 그들의 영향력을 넓히려 한다. 정치에서 '좌파와 우파', '보수와 진보'가 대립하는 상황도 두려움의 관점에서 보면 명확해진다. 대중을 흔들어 자신의 편으로 끌어당기기 위함이다. 두려움을 이용한 '갈라치기'는 경계를 나누고, 구분을 통해 차별을 낳으며, 권력을 만든다.

하지만 두려움을 섣불리 이용해 흔들다가는 호된 역풍을 맞는다. 누울 자리도 봐가면서 발을 뻗어야 한다.

이틀만 지나도 세균이 득실 ——

●

"○○○이 없으면 가습기를 끄십시오!"

"이틀만 물을 갈지 않아도 세균이 처음보다 10배 이상 증가합니다."

"아내가 똑똑하면 편안하다니까."

"○○○은 우리가족 건강을 지켜줍니다."

이런 광고를 보면 사람들은 어떤 생각을 할까? 일단 무섭고 두렵다. ○○○이 없으면 가습기를 절대 틀어서는 안 될 것 같다. 물을 제때 갈지 않으면 금방이라도 끔찍한 세균에 감염될 것 같다. 이 상품을 쓰지 않으면 무식한 아내가 되고 우리 가족의 건강까지 망치게 될 것 같다. 이 제품을 사야 비로소 현명한 아내이자 건강에 신경 쓰는 주부가 될 것 같다. 이 정도면 아무리 강심장이라도 흔들리지 않을까?

결국, 이 제품 광고는 버티던 소비자의 마음을 여지없이 무너뜨리고 지갑을 열게 했다. S사가 세계 최초로 만들었다고 자랑했던 가습기 살균제 '가습기메이트' 광고 문구다. 이렇게 사람들의 마음을 무섭게 흔든 결과 이 제품의 제조 및 유통회사들은 1994년 11월부터 2011년 11월까지 약 17년간 연간 60만 개, 대략 1,000만 개 이상의 제품을 시장에 팔아치웠다. 당시 시장점유율 1위였던 다국적기업 옥시(Oxy)의 가습기 살균제는 무려 453만 개나 팔려나갔다. 공포나 두려움을 자극해 성공한 것이다.

그런데 이제 모두가 알다시피 심각한 문제가 발생했다. 2011년 5월 출산 전후의 산모 4명이 폐가 굳는 알 수 없는 폐 질환으로 숨지면서 가습기 살균제가 그 원인으로 지목된 것이다. 다국적기업 옥시는 살균제에 유해물질이 있었음을 인지하고도, '안전하다'는 허위 광고를 하며 판매에만 열을 올린 것으로 밝혀졌다. 자신의 중심은 잡지 못한 채 무조건 소비자의 심리만 흔들어댄 것이었다. 어떤 결과를 초래했을까? 피해는 심각하고 처참했다.

정부 발표 가습기 살균제 피해자 수는 4,114명, 사망자 수는 1,553명, 사회적참사특별조사위원회(사참위) 발표 피해자 수는 67만 명, 사망자 수는 1만 4,000명이나 된다. 피해 규모와 강도로 보면 현재 코로나19의 피해를 능가한다(2021년 5월 기준). 더구나 살균제 피해자들의 상당수는 어린아이나 산모와 같은 약자들이었다. 산부인과 가기 직전까지 가습기를 사용하다 폐렴으로 사망한 임산부들, 어느 날부터 노인처럼 호흡이 쉽지 않아 가슴을 치며 기침하다 2주 만에 사망한 세 살배기 아이, 출산 후 이틀 후부터 호흡곤란으로 2주 만에 사망한 아기 등 이루 말할 수 없이 많은 생명들이 속절없이 죽어갔다. 다행히 목숨을 건진 희생자도 피해가 막심했다. 재발병의 불안에 시달리거나 폐에 심각한 손상을 입어 평생 산소통에 의존해 살아야 하는 아이도 있었다. 이들 배우자나 엄마의 심정은 어땠을까?

결과적으로 독극물이었던 '살균제'는 '살인제'가 된 것이다. 시장점유율 1위 업체였던 옥시는 어떻게 됐을까? 뇌물을 받고 옥시의 보고서 연구 결과를 조작한 서울대 교수는 구속됐고 옥시 전 대표와 관계자 역시 구속됐다. 옥시에 대한 대대적인 불매 운동이 일어났고, 그 결과 옥시의 매출은 정상 영업 때와 비교해 약 90퍼센트 급감했다. 직원은 70퍼센트 이상 줄었고 급기야 2017년에는 국내 유일 생산시설인 익산 공장을 폐쇄했다. 결국 옥시는 국내 대형 유통 채널에서 완전히 퇴출당했다.

다행인 것은 2011년 이후 5년 동안 방치됐던 가습기 살균제 희생자에 대한 대책이 본격적으로 진행되면서 최근 마무리됐다는 점이다. 2020년 12월 30일 환경부는 '가습기살균제 피해구제를 위한 특별법' 개정 법률에 따라 피해신청자 7,103명 중 4,114명을 피해자로 인정했다. 또 특별법 개정으로 질환을 특정하지 않고 건강피해를 포괄적으로 인정하면서, 2021년부터는 본격적인 개별심사를 통해 피해인정범위가 대폭 확대될 것으로 예상한다. 더하여 손해배상소송에서 가습기 살균제와 건강피해의 인과관계 추정요건을 완화하고, 사업자가 입증의 책임을 지도록 함으로써 기업에 더욱 엄격한 잣대를 들이댈 수 있게 됐다.

씨름에서 자기중심이 흐트러진 상태에서 상대에게 기술을 걸면 이른바 '되치기'를 당한다. 기업도 똑같다. 상품 본래의 기능에 충실하지 않은 상태로 소비자를 흔들다가는 돌이킬 수 없는 타격을 입거나, 흔적도 없이 시장에서 사라질 수 있다. 상대를 흔들려고 내 중심을 잃지 마라. 이 점을 누구도 망각해서는 안 된다.

── 지나가는 사람이 코를 잡아요
●

나한테 코를 찌르는 고약한 냄새가 난다면 어떨까? 얼굴이 화끈거리며 창피할 것이다. 행동이 조심스럽고 대인관계에도 불편을 겪을 것이다. 사람들 곁에 쉽게 다가서거나 대화에 끼어들기도 꺼려질 것이다. 심하면 집에서 아예 나오기도 싫을 것이다.

여름만 되면 많이 등장하는 단어가 있다. 겨드랑이 땀 냄새, 썩은내, 암내, 액취증 등등. 이런 단어들을 들으면 일단 혐오감부터 생긴다. 그리고 우리의 마음을 세차게 흔들어대기 시작한다.

> "'앗 나 때문인가?' 땀 냄새가 코를 찌른다면…"
> "겨드랑이 냄새 '액취증' 지나가는 사람이 코를 잡아요!"
> "지하철 혐오 1위 암내!"
> "지독한 겨드랑이 냄새, 액취증 자가진단 해보세요!"
> "여름이 두려우신가요? 다한증·액취증 대처법."

이런 문구는 보기만 해도 움찔거리며 자신의 겨드랑이 냄새를 맡게 되지 않는가. 이런 광고 기사들에는 대부분 '액취증(땀 악취증)'이라는 단어가 등장한다. 당장 병원에 가서 치료나 시술을 받아야 할 것 같은 기분이 든다. 물론 액취증은 건강보험 적용을 받는 질환이다. 그래서 그럴까? 이런 기사들의 뒷부분에는 대부분 병원 치료를 권장하는 내용이 나온다. 피부 절개, 보톡스, 레이저 치료와 같은 단어도 등장하면서 말이다.

대부분의 이런 기사나 광고는 일정한 패턴이 있다. 땀 냄새를 제거하려면 일단 청결이 중요하니 샤워를 자주 하고 통풍이 잘되는 옷을 입으며 속옷을 자주 갈아입으라고 한다. 고지방·고열량 음식을 피하고 제모를 하거나 방취제나 향수를 뿌리라는 말도 잊지 않는다. 하지만 이런 방법은 일시적일 뿐, '근본적인 치료'를 위해서는 시술이 필요하다는 말로 끝을 맺는다. 이 말대로라면 사회생활을 힘들게 하고 성격까지 소극적으로 만드는 액취증을 근본적으로 치료하려면 병원에 가야만 한다. 하지만 액취증은 한국인에게서는 드물다. 한국인은 세계에서 몸 냄새가 안 나는 사람들로 유명한데 이는 연구 결과에서도 밝혀진 바 있다.[1]

겨드랑이 땀 냄새인 일명 '암내'는 피부 속 땀샘인 아포크린샘 (apocrine gland)에서 분비되는 화학물질이 불포화 지방산과 박테리아 등과 만나 생긴다. 그런데 이 아포크린샘 분비가 활발한 G 유전자를 가진 사람이 한국인 중에는 많지 않다고 한다. 선천적으로 냄새가 나지 않는 유전자를 타고났다는 이야기다. 만일 본인이 액취증이 의심된다면 귀지를 파보시라. 젖은 귀지라면 병원으로 가서 '근본적 치료'를 받아야 한다. 하지만 한국인 대부분은 마른 귀지다. 액취증 환자들은 대부분 젖은 귀지를 갖는다. 실제로 액취증은 한국인보다 외국인에게서 훨씬 많이 나타난다. 아프리카나 유럽인에서는 아주 흔한 증상이며 외국인들이 한국에 방문하면 놀라는 것 중 하나가 지하철에서 땀 냄새가 별로 나지 않는다는 것이다. 실제로 액취증은 양파가 썩은 듯한 냄새가 난다고 한다. 따라서 우리가 생각하던 대부분의 '고약한' 땀 냄새는 엄밀히 말해 액취증이 아니다. 학창 시절 체육 시간이 끝난 후 옷을 갈아입을 때 나는 시큼한 식초 냄새, 사용 후 덜 마른 수건에서 나는 퀘퀘한 냄새, 그것은 일반 세균과 땀이 결합해 나는 냄새다. 더구나 액취증은 여름보다 겨울에 더 많이 발생한다. 국민건강보험공단의 자료에 따르면, 전체 액취증 환자의 40퍼센트가 겨울에 발생한다. 그리고 땀 냄새는 청결만 유지해도 금방 없어지기 마련이다. 스스로 땀 냄새가 불쾌하다고 느낀다면 제모제를 쓰거나 방취제만 뿌려도 충분하다.

그런데 왜 병원은 '근본적인 제거'를 위해 액취증 시술을 권장할까? 돈이 되기 때문이다. 제모제나 데오드란트 같은 방취제는 시중에서 비싸야 1~2만 원 이하다. 하지만 액취증 시술 비용은 대략 100~150만 원이다. 이 정도면 엄청난 시장이지 않은가? 참고로 미국식품의약국(FDA)에서는 데오드란트를 화장품으로 분류한다. 퍼스널케어(personal care) 제품일 뿐이다.

불안을 자극해 소비자를 흔들면 이렇게 커다란 시장이 생긴다. 그래도 누구나 땀 냄새, 겨드랑이 냄새는 좀 조심스럽다. 개인적인 차원에서는 병원의 마케팅 술수에 흔들리기보다는 청결한 습관을 만드는 게 훨씬 이득이다.

—— 밀가루 먹으면 뼈가 녹는다

●

하얀 가운을 입고 전문적인 용어를 써가며 설명하는 의사들 앞에서 의문이나 반론을 제기할 환자는 그리 많지 않다. 오히려 찰떡같이 믿는 경우가 대부분이다. 그런데 이런 믿음을 악용해 자극적인 말로 불안감을 조장하거나 특정 제품의 구매를 유도하는 의사들이 종종 있다.

"밀가루 먹으면 뼈가 녹는다."

과거 한 종편 방송 건강 관련 프로그램에 출연한 의사가 한 말이다. 이 말을 듣는 순간 어떤 상상을 하게 될까? 하얀 밀가루와 함께 나의 뼈가 스르르 녹아 내려가는 장면이 떠오른다. 그런데 의사는 홈쇼핑에서 자기 이름을 내건 해독주스를 팔고 있었다. 비윤리적인 상업행위로 제재를 받았지만, 그때부터 밀가루에 대한 나쁜 이미지는 그대로 남게 됐다. 이제 밀가루는 우리에게 비만 유발자로 찍혀 있다. 오죽했으면 《밀가루의 누명》이라는 책까지 나왔을까.

또한 최근 건강 관련 TV 프로그램에서는 'ABC 주스' 소개가 많이 나온다. ABC 주스는 '사과(Apple), 비트(Beet), 당근(Carrot)'을 원료로 제조한 과채 음료에 붙여진 이름이다. 다이어트, 체지방 감소, 해독, 심지어 암 예방에도 좋다고 선전했는데 그 후 어떻게 됐을까? 2020년 8월 식약처로부터 효능이 검증되지 않은 허위·과대광고로 적발되고 사이트 차단 및 행정처분을 당했다. 적발된 ABC 주스 등

과채 주스 판매업체는 무려 175곳이나 된다.

중앙대 식품학과 하상도 교수는 이렇게 비판했다.

"해독(解毒)주스의 가격은 일반 주스 대비 2~3배 비싸 소비자들의 기대와 믿음이 대단해 보인다. 하지만 이런 주장과는 달리, 거의 모든 해독주스는 실제 해독 능력이 없거나 인체 내에서 영향을 줄 정도가 아니다. 게다가 일반 주스 대비, 당 함량이나 열량은 오히려 높아 다이어트 목적으로 먹는 사람에겐 약(藥)이 아니라 오히려 독(毒)인 셈이다."

그럼에도 불구하고 여전히 이런 류의 주스들이 절찬리에 팔리고 있다고 하니 코로나19 대유행으로 건강에 부쩍 불안감을 느낀 사람들의 심리를 제대로 흔든 모양이다.

건강 관련 제품이 TV 프로그램에 등장할 때는 특히 조심해야 한다. 일명 '쇼닥터'인지 의심해보라는 뜻이다. 쇼닥터(show doctor)는 '의사 신분으로 방송 매체에 출연해 근거 없는 치료법이나 시술들을 선전하거나 특정 건강기능 식품을 간접·과장 광고하는 의사'를 뜻한다. 쇼닥터가 등장하게 된 배경에는 방송사와 제조사 그리고 의사나 한의사 간에 맞아떨어지는 이해관계가 있다. 방송사는 말재주 좋은 의사나 한의사를 출연시켜 시청률을 올릴 수 있고, 제조사는 자신의 제품 광고를 통해 손쉽게 매출을 올릴 수 있으며, 의사나 한의사는 방송을 통해 본인의 인지도를 올리고 병원 홍보를 자연스럽게 할 수 있다. 모두 경제적 이익을 바탕으로 뭉쳤으니 허위, 과대, 과장,

기만 광고가 자연스럽게 나오게 되는 구조다. 건강에 대한 걱정으로 불안에 떨고 있는 대중이야말로 지갑에서 돈을 꺼내도록 만들기 쉬운 사냥감이 아니겠는가.

휘둘리지 않도록 최소한 식품광고법 상 위반 기준 정도는 알아두자. 질병 예방이나 치료에 '효능'이 있다고 과장하거나, 식품 등을 의학품 또는 건강기능식품으로 혼동하게 만들거나, 거짓, 과장, 기만하는 표시 및 광고를 한다면 위법이다. 먹는 것으로 장난친다면, 기업이건 의사건 벌을 받게 될 것이다.

── 망막손상, 백내장, 녹내장을 피해라

●

'몸이 천 냥이면 눈은 구백 냥이다'라는 속담이 있다. 외부자극을 느끼는 감각기관 중 80퍼센트 이상이 눈을 통하고 심지어 자는 동안에도 우리 눈은 계속 이리저리 움직인다. 많은 연구 결과에 따르면 시력과 치매는 밀접한 상관관계가 있다고 한다. 최근 가톨릭대 여의도성모병원 안과 나경선 교수팀의 연구 결과에 따르면 시력이 악화하면 치매 발생 위험이 1.4배나 높아졌다.[2] 눈 건강이 악화할수록 치매에 걸릴 확률이 높아진다는 이야기다.

하지만 우리의 눈을 지키기가 쉽지 않은 세상이다. 온종일 크고 작은 모니터에 둘러싸여 있으니 눈이 건조하고 침침하고 쉽게 피로해진다. 한 연구기관 조사결과 국민 10명 중 7명이 이런 증상을 호소하고 있다고 한다. 그래서인지 눈 건강에 도움을 주는 각종 건강기능식품들이 시중에 많이 판매되고 있다. 최근 몇 년 전부터 떠오르는 단어는 '블루라이트'다. 우리 눈에 보이는 가시광선 중 380~500나노미터(nm)의 짧은 파장을 가진 빛으로 파랗게 보이기 때문에 이런 이름이 붙었는데, 상대적으로 강한 에너지를 갖고 있어 시력 저하, 피로감 등을 가져올 수 있다고 알려져 있다. 특히 블루라이트의 유해성이 주목받게 된 계기는 2018년 미국 톨레도대학 연구팀이 '청색광(블루라이트)이 망막세포를 변성시켜 시력 저하를 일으킬 수 있다'는 연구 결과를 내놓으면서부터다. 일어나면서부터 자기 직전까지 스마트폰 화면 속에서 눈을 떼지 못하는 사람들에게는 곤혹스러운 일이다. 이때부터 국내 유명 온라인 유통업체에서 아래와 같은 문구들이 등장한다.

"블루라이트가 망막세포를 파괴한다."

"블루라이트에 장기간 노출되면 눈의 망막세포 내에 독성물질이 증가하여 황반변성이 일어날 수 있다."

"황반변성은 망막세포가 파괴되면서 점차 시력이 저하되고, 나아가 실명으로 이어지는 질병이다."

"밤마다 스마트폰으로 친구들과 게임을 하다 녹내장 진단받은 29세 여성."

"스마트폰 과다 사용으로 색맹… 대만 16세 소녀"

이제 온종일 컴퓨터, TV, 스마트폰에서 뿜어내는 블루라이트에 노출되는 사람들은 망막세포가 파괴되고 녹내장이나 황반변성이 일어나며 자칫 실명으로 이어질 가능성이 커져버렸다. 정말 섬찟하고 두려워진다. 그리고 당연하다는 듯이 블루라이트를 차단하기 위한 '단 하나의 솔루션'이 등장한다. '블루라이트 차단 안경'이다. 이젠 안 사면 안 될 것 같은 기분이 들지 않는가.

실제로 유명 안경 쇼핑몰에 수천 개의 후기가 남겨져 있는 것을 보면 시장이 무시할 수 없을 만큼 커졌음을 알 수 있다. 발 빠른 업체들이 제대로 소비자를 흔든 것이다. 하지만 블루라이트가 실명에 이를 만큼 치명적으로 위험한 것일까?

미국안과학회(AAO)는 톨레도대학 연구팀 결과를 사람이 아닌 쥐의 망막세포로 실험했다는 점, 일상생활에서는 실험에서처럼 청색광이 망막에만 과도하게 집중되지 않는다는 점, 그리고 인간을 포함한 생물의 세포는 일정량의 청색광이나 자외선에 대해 자가 회복 능력이 있다는 점 등 세 가지 이유를 들어 조목조목 비판했다. 또 김환 한양대학교 컬러테크연구소 교수는 태양빛에서 노출되는 블루라이트의 양이 전자기기에서 나오는 블루라이트보다 10만 배나 많다고 한다. 최경식 순천향대 서울병원 안과학교실 교수도 동물실험 결과를 사람에 적용할 수 없고, 아직 사람을 대상으로 청색광의 영향을 조사한 연구도 없다며 블루라이트의 과장된 유해성에 대해 비판했다. 특히 최교수는 블루라이트보다 자외선이나 강한 햇빛에 장기간 노출되면 나이가 들수록 황반변성과 같은 눈 질환이 생길 위험이 훨씬 크다면서 자외선을 차단하는 선글라스나 보호 안경이나 모자를 착용하는 게 더 낫다고 강조한 바 있다.

그러니 망막세포 파괴나 녹내장, 실명이 두려워 블루라이트 차단 안경을 찾는 것은 번지수가 틀렸다. 차라리 안구건조증 완화용으로 쓰는 것이 낫다. PC나 스마트폰을 보다 눈이 피로해지는 건 집중하느라 눈 깜빡임이 줄어 안구가 건조해져서다. 쓰더라도 제대로 알고 쓰자. 굳이 지갑을 열지 않고도 눈의 피로를 줄이는 방법도 얼마든지 인터넷에서 찾을 수 있다. 지금 당장 '눈 운동'으로 인터넷에 검색해보자. 3분이면 충분하다.

스치기만 해도 500만 원 ──

●

어린이보호구역(스쿨존)에서 차량에 치여 숨진 김민식 군의 사고 이후 마련된 이른바 '민식이법'이 2020년 3월 25일부터 본격적으로 시행됐다. 운전자가 스쿨존에서 통행속도 30킬로미터 이내를 준수하고 어린이의 안전에 유의하면서 운전해야 할 의무를 위반해 어린이를 사망에 이르게 한 경우엔 무기 또는 3년 이상의 징역, 상해에 이르게 한때에는 1년 이상 15년 이하의 징역 또는 500만 원 이상 3,000만 원 이하의 벌금형을 내린다는 것이다. 어린이보호구역에서는 운전자가 특히 더 조심해서 운전해야 한다는 취지다.

그런데 이 법이 통과됐을 때 가장 먼저 운전자의 마음을 흔든 업계가 있다. 어딜까? 맞다. 바로 보험업계다. 사실 보험회사야말로 불안을 파는 최고의 전문집단이다.

"스치면 500만 원."

"12대 중과실 사고로 형사합의 필요."

"스쿨존이 아니라도, 30km 이하로 운전하였더라도 운전자의 책임이 있으면 처벌대상."

"병원만 방문해도 50만 원."

"의사 얼굴 보면 보험금 지급."

"벌금 3천 보장, 교통사고처리지원금 최대 2억, 민·형사비용 최대 4천."

보험회사들이 운전자보험 상품을 광고하면서 내건 문구들이다. 살짝 훑어봐도 무섭지 않은가. 덕분에 보험사 운전자보험 상품에 법안 시행 직후 두 달간 무려 100만 명이 몰렸고 회사별로 적게는 2배 많게는 5배 이상 판매량이 폭증했다고 한다. 운전자들이 얼마나 겁을 먹었으면 이렇게 불티나게 팔렸을까? 반대로 보험사 입장에서는 타이밍을 적시에 포착해 흔들어댄 성공적인 마케팅이었다.

운전자들을 겁에 질리게 하는 데는 일부 언론과 유튜버들도 일조했다. 아무리 안전운전해도 일단 사고가 나면 무조건 민식이법에 따라 징역이나 벌금을 물어야 한다고 생각하게 만들었다. 특히 작은 실수만 해도 쉽게 형사처벌을 받을지도 모른다는 공포가 많은 사람들을 파고들었다.

심지어 초등학생 사이에서는 스쿨존에서 차량을 쫓아가면 돈 번다는 소위 '민식이법 놀이'까지 유행했다. 차와 부딪히면 일부 운전자가 바로 합의금을 주고 달랜다는 것이다. 운전자로서는 어린이보호구역이 '어린이공포구역'으로 둔갑한 것이다. 오죽했으면 어린이보호구역을 피해서 안내하는 네비게이션이 나오게 됐을까.

하지만 민식이법이 시행된 지 10개월이 지난 후 법에 따라 처벌된 사례를 보면 이런 우려는 기우였음을 알 수 있다. 2020년 10월 기준 민식이법 적용 사례를 보면, 총 192건 중 37.5퍼센트만 재판에 넘겨진 것으로 나타났다.[3] 사건의 60퍼센트 이상이 검찰 단계에서 종결되는 것이다. 더구나 재판에 넘겨진 192건 중 88건이 즉, 절반 가까이가 불기소처분을 받았다. '혐의 없음'이나 죄는 인정되나 경위를 고려해 재판에 넘기지 않은 '기소유예' 처분을 받은 것이다. 실제 구속은 단 1건, 나머지는 불구속기소였고 대부분 검찰이 재판 없이 벌금형을 선고해달라고 요청하는 '구약식' 사건이었다. 다시 말해, 민식이법으로 걸리면 무조건 징역이나 벌금을 무는 게 아니라 약 40퍼센트 정도만 재판에 넘겨지고 그중에서도 절반만 기소처분을 받았다. 민식이법으로 입건되더라도 실제 기소처분을 받을 확률은 20퍼센트에 불과하다. 이는 일반 교통사고 범죄보다도 기소율이 낮다. 너무 무서워 벌벌 떨 필요 없다는 이야기다.

　그렇다고 안심하라는 의미는 절대 아니다. 어린이보호구역 내에서는 정신 '바짝' 차리고 전방을 주시하며 철저히 30킬로미터 이하로 운행하자. 느리면 느릴수록 좋다. 특히 길가에 주정차된 차들이 많을 땐 조심하자. 언제 어디서 아이들이 튀어나올지 모르니까. 이렇게 운전을 해야 소중한 우리 아이들을 지킬 수 있다. 실제 구속 및 벌금형을 받는 사례들을 보면 어린이보호구역 내에서 대부분 30킬로미터 이상의 속도로 달리다 길을 건너던 아이들을 친 경우다. 운전할 때는 항상 전방을 주시하자.

　또한 운전자보험도 겁에 질려 여기저기 가입하지 말자. 운전자보험은 비례보상이기 때문에 보험을 많이 가입했다고 돈이 많이 나오는 게 아니다. 중복가입으로 불필요한 손해를 볼 필요는 없지 않은가?

── 초조하게 흔들어라

●

　한 유명 증권사에서 고객계좌를 분석해보니 놀라운 현상이 나타났다. 2020년 신규로 개설한 개인 주식계좌가 2019년 대비 무려 4.7배나 폭등했다는 것이다. 이런 증가 추세는 2021년에도 계속되고 있다. 어떤 일이 벌어진 것일까?

최근 온라인 경제 신문기사 제목들을 살펴보자.

월급은 티끌, 주식·부동산 대박… "이러니 탐할 수밖에"

존리·유수진 "'영끌' 주택 구입 NO… 월세 살고 주식 투자하라"

"나만 뒤처져" 3040세대 삼성전자 산 이유

부동산→증시 머니무브… 주식 시총, 전국 주택가격의 절반 육박

부동산 막차 놓친 2030… 주식은 생존수단

만일 주식투자를 하지 않는 개인들이 이 기사 제목을 읽으면 어떤 생각이 들까? '이거 나 혼자만 안 하는 것은 아닐까?', '지금 투자 안 하면 돈 벌 기회를 영영 놓치는 것은 아닐까?', '대출이라도 해서 투자해야 하는 것 아닐까?' 초조하고 조바심이 나기 시작한다. 당장 주식계좌를 개설하고 종잣돈이나 빚을 내어 투자를 시작한다. 소위 '영끌(영혼까지 끌어모아)' 투자를 조장하는 문구다. 2021년 1월 7일 기준 코스피와 코스닥 거래대금은 46조 4,311억 원으로 역대 최고치를 갈아치웠다. 거래대금이 급증한 덕분에 증권사들은 지금 함박웃음을 짓고 있다.

아파트로 대표되는 부동산도 마찬가지다. '막차 놓치면 평생 홈리스'라는 말이 유행이다. '부동산 막차'라는 문장으로 구글링을 해보라. 무려 265만 개의 검색결과가 뜬다. 대충 헤드라인은 이렇다.

'부동산 막차' 노린 30대 몰려간 곳…2위 성동구, 1위는

'막차 탈까' vs '상투 잡는다'…영끌 수요 막판 고심

"부동산 규제前 막차 타자"… 주간 아파트값 8년만에 최대폭 올라

2020년 초조해진 30대가 부동산에 '영끌'하면서 40대를 제치고 서울 아파트를 제일 많이 구입했다고 한다. 근로소득으로는 도저히 집을 살 수가 없음을 깨달은 30대가 지금 아니면 기회가 없다는 심정으로 적금과 퇴직금 깨고, 대출을 왕창 끌어다 집을 샀다는 거다. 그런데 이런 현상을 부추긴 다른 원인도 있다. 유튜브·부동산 카페 등의 유명 부동산 인플루언서(influencer)들의 선동이다. 이들 중 일부는 카페, 블로그, 단톡방, 유튜브 등을 통해 모인 회원들을 대상으로 현장을 답사하면서 부동산 투자를 유도하기도 하고 유망지역이라고 특정 지역을 콕 집어주기도 했다. 이들의 공통된 주장은 '부동산 불패론'이다. '정부가 더 내놓을 카드가 없다. 그러니 앞으로 계속 집값은 오를 수밖에 없다'며 자극한다.

이들은 어떻게 돈을 벌까? 부동산 유료 컨설팅과 강의 등으로 돈을 번다. 스타강사의 경우 '일대일 스페셜 미팅' 비용이 회당 165만 원에 달한다. 이들의 영향력은 집값을 끌어올리는 경우도 많다. 실제로 2018년 4억 원 초반대였던 광명시 철산동의 고층 아파트가 갑자기 호가가 1년도 안 돼 6억 원까지 급등했다. 회원 수 90만 명이 넘어가는 대형 온라인 부동산 카페의 투자 권유 때문이었다.[4] 결국,

집이 꼭 필요한 실수요자만 피해를 본 셈이다. 그 밖에 부산, 울산, 경남 지역도 집값이 급등했다. 상당수 외지인들이 쇼핑하듯 와서 매물을 싹슬이 해간다고 한다. 모두 SNS에서 힘이 센 인플루언서들의 '입' 때문이다.

덕분에 30대 가구의 평균 부채는 1억 원이 훌쩍 넘어가고 부채증가 속도도 30대가 가장 가파르다. 사실 걱정스럽다. 30대에게 은행이 대출을 해주는 근본적인 이유는 뭘까. 안정적인 소득이 있기 때문이다. 그런데 만일 다니던 직장에 문제가 생긴다면? 지금처럼 산업구조가 뒤틀리고 한 치 앞을 내다볼 수 없는 불확실성 시대에 대기업을 제외하고 과연 20년 이상 버틸 수 있는 회사가 얼마나 될까? 그리고 주택담보대출 원리금을 갚아가는 20~30년 동안 계속 집값이 올라줄 수 있을까? 왜 2030 세대가 부동산에서 주식으로 투자를 옮겨가고 있는지 생각해봐야 한다. 2030 세대의 부동산 추격 매수 여력이 사라지고 있음을 뜻한다. 이젠 투기목적으로 빚을 내어 집을 산다는 것은 매우 위험한 일이 될 수 있다.

최근 엄청난 가격으로 치솟고 있는 비트코인에 대한 투자 광풍 역시 SNS를 통해 주로 확산되고 있다. 비트코인에 투자해 수천만 원에서 수백억 원까지 벌었다는 소문은 가상화폐에 무지한 사람들까지 불안하게 만든다.

'나만 이 기회를 놓치면 어떻게 하나'라는 초조함은 수많은 사람들을 가상화폐 시장으로 대거 끌어들였고, 이들이 다시 비트코인 가격을 끌어올리며 거품을 만들어내고 있다. 그런데 거품의 특징이 무엇인가? 바로 '터지는 것'이다. 이미 비트코인은 한 차례 거품이 터진 바 있다. 2017년 2만 달러(약 2,200만 원) 돌파를 바라보다 이듬해 3,122달러(약 340만 원)까지 폭락했다. 이런 일이 다시 한번 발생하지 않으리라는 보장은 없다. 자신이 감당할 수 있는 선에서 투자하고 있는지 미리 점검하자.

—— 포모족을 노리는 마케팅

●

'자신이 흐름을 놓치거나 제외되는 것에 대한 불안감과 두려움을 느끼는 증상'을 '포모(FOMO, Fear Of Missing Out)증후군' 또는 고립공포감이라 부른다. 흔히 TV 홈쇼핑에서 '마감임박', '매진임박', '한정판매' 등과 같은 말로 고립공포감을 자극해 소비자의 마음을 흔들어 지갑을 열게 만든다. '나 혼자만 뒤처진다'는 불안을 조성하기 때문이다. SNS로 인해 이런 심리는 더욱 확산되고 심해졌다.

'잊히는 두려움'에 쉽게 사로잡히는 사람들을 포모(FOMO)족이라고 한다. 기업이라면 이런 사람들의 포모증후군을 자극해 소비자를 흔드는 것도 마케팅적으로 효과적인 방법이다.

최근 '한류'는 하나의 글로벌 트렌드다. 트렌드가 되었다는 의미는 그만큼 여러 분야에서 영향력을 발휘하고 있다는 것이고, 주류 소비층이 있다는 의미다. 한류는 K-POP뿐만 아니라 드라마, 영화, 음식, 옷, 화장품 등 그 분야가 무궁무진하다. 특히 각국의 1990년대 중반~2000년대 초반 출생한 MZ 세대들에게 한류는 신세계다. 서양 문화와는 완전히 다른 세상이다.

또한 거대 글로벌 OTT 기업인 넷플릭스, 디즈니 플러스가 한국의 콘텐츠에 대대적으로 투자하면서 과거와 달리 한국의 드라마나 영화를 접할 기회가 대폭 늘어났다. 이를 통해 한국식 화장, 한국식 의상, 한국식 음식을 접하고 열광한다. 그리고 이런 트렌드에 잘 적응해야만 소위 '인싸'(insider, '인기인'이라는 신조어) 취급을 받는다. 포모족들은 주변 친구들이나 이런 주류에서 이탈되지 않으려고 한다. 소외될까 두렵기 때문이다. 이 때문에 이들은 주류층이 하는 행동을 모방하고 추종하려는 심리가 강하다. 한류와 제품 사이의 연관성을 접목한 마케팅만 잘해도 한국브랜드가 잘 팔려나갈 수 있는 구조다. 오죽하면 일본의 10대와 20대가 SNS에서 '한국인이 되고 싶다'라는 해시태그를 수없이 올리고, 중국 상하이 홍취안루 일대에 형성된 한인타운이 상하이 '인싸'들의 인기 장소로 급부상했을까. 심지어 서양의 한 청년은 한국의 인기 연예인을 닮고 싶어 성형수술까지 해 화제가 된 적이 있다.

—— 입시가 시작되는 시기는?

●

"태어나서 처음 본 시험인데 세상에 우리 애가 떨어졌다. 지금까지 금이야
옥이야 키웠는데 충격적이다."

이게 무슨 이야기일까? 바로 만 5세에 보는 소위 '영어유치원'의
입학 테스트 이야기다. 참고로 영어유치원은 유치원이 아니다. 유
치원의 이름을 빌려 쓴 유아영어학원이다. 좀 어안이 벙벙해진다.
다섯 살 때부터 입시를 본다고? 한창 부모에게 어리광부릴 나이인
데 말이다. 학원에서는 입학 테스트를 하는 이유가 유아에 대한 사
전 정보를 수집해 수준에 맞는 반에 배정하기 위해서라고 한다. 달
리 해석하면 5세 전부터 이미 영어공부를 해왔던 유아들이 많다는
의미다. 실제로 5세 입학 유아들의 30퍼센트가 알파벳 정도는 숙지
하고 온다고 한다. 최근에는 영어유치원 입학 연령이 만 3세로 점
점 낮아지고 있다. 입학하기도 까다롭다. 서울 강남의 모 학원은 1
차 영재판별 테스트에서 상위 5퍼센트 안에 들고 2차 레벨테스트에
서 영어 말하기, 쓰기를 통과해야만 입학 자격이 주어진다. 심지어
일부 유아들은 이 시험을 대비해 과외까지 받는다고 한다. 만 3세면
아직 말도 제대로 구사할 수 없을 때다. 3세부터 입시 전쟁을 하는
시대다.

"예비 7세는 리스닝과 스피킹이 가능해야 하고, Phonic 중 단모음과 단자음, 이중모음과 이중자음까지 알고, reading comprehension이 돼야 긴 지문에 대한 문제 5~6개 multiple choice도 풀 수 있어요."

한 유명 유아영어학원의 입학 설명회 때 나온 말이다. 이 정도면 실제 미국 원어민 아이들의 초등학교 1학년 이상의 실력이다. 5세부터 영어를 시작해 3년을 몰입교육을 하면 원어민 수준의 영어 실력을 갖출 수 있다는 말이다. 이 말을 들은 학부모들은 학교에 입학하기 전에 이미 기본적인 영어를 습득할 수 있다고 생각할 것이다. 그런데 학원비가 장난이 아니다. 교재비, 급식비, 셔틀버스비까지 포함해 1개월 평균 비용은 120~140만 원이나 소요된다. 1년이면 최소 1,440만 원. 2020년 대학 평균 등록금이 약 672만 원이니 영어학원 비용이 대학등록금보다 2배 이상 비싼 셈이다. 심지어 비싼 곳은 250만 원까지 한다고 하니 어지간한 부모들은 엄두조차 내기 힘들다. 그러니 부모들은 더욱 애가 탄다. 학원에 다니려면 부부 중 최소 한 사람의 수입을 포기해야 하고 저축도 할 수 없다. 최근 코로나19 대유행으로 유아영어학원 열풍이 잠시 잠잠해졌다. 아이를 학원에 못 보낸 부모로서는 그나마 안심되지 않았을까. 내 자식만 못 보내고 있다는 FOMO에서 잠시나마 벗어날 수 있었으니 말이다.

●

초등학교에 입학하면 좀 달라질까. 똑같다. '빨리', '먼저'가 핵심인 선행학습이 세차게 몰아친다.

"초 123 때 중 123 영어를 끝내고, 초 456때 고 123 영어를 끝내고…"

"시간이 없습니다."

"실제로 제대로 공부할 수 있는 시간은 8번의 방학 뿐입니다."

"중간에 사춘기라도 겪게 되면 1∼2년이 날아갑니다."

"선행은 선택이 아니다."

보기만 해도 마음이 급해지고 초조해지는 학원가 광고 문구다. 선행학습을 하지 않으면 우리 아이가 영원히 뒤처질까 두려움마저 느껴진다. 교육부는 이미 선행학습을 유발하는 광고를 금지하고 있지만, 여전히 학원가의 과장은 사라지지 않고 있다. 그렇게 동요된 학부모의 지갑은 점점 비어간다.

선행학습은 달리 말하면 해당 시기에 받아야 할 학습기회를 포기하는 것과 같다. 속도만을 강조하는 지나친 선행학습은 오히려 정신 건강을 해치고 뇌를 굳게 만드는 지름길이다. 특히 영유아 시기의 선행학습은 조심해야 한다. 소아·청소년 정신과 전문의 27명 중 22명이 조기인지 교육은 영유아 정신 건강에 해롭다는 의견을 냈다.[5]

그 돈으로 차라리 아이들에게 다양한 체험을 할 수 있게 해주면 어떨까? 다가올 미래는 '유기체 사회(organic society)'다. 변화무쌍하다는 의미다. 놀라운 회복력과 적응력을 보여주는 자연은 직선이 아니라 곡선이다.

시속 150킬로미터 이상의 강속구 투수가 즐비한 미국 야구 메이저리그에서 류현진 선수는 직구의 스피드가 아닌 곡선을 그리는 변화구와 제구력으로 타자의 타이밍을 뺏어 정상의 자리를 밟았다. 직선의 속도도 중요하지만, 곡선의 방향과 타이밍이 더 중요한 시대다.

곡선의 능력은 유연한 사고에서 나온다. 지나친 조기교육은 아이의 뇌에 과부하를 유발할 수 있다. 영유아 시기에는 한 가지 분야보다 다양한 분야에서 균형 잡힌 경험과 자극을 통해 뇌의 적응력을 높여주자. 변화무쌍한 미래에도 유연하게 대처할 수 있도록 말이다.

돌려까 흔들어라 ──

●

이리저리 흔들리는 소비자의 마음을 가두기 위해 기업들이 반드시 해야 할 일은 무엇일까? 소비자의 시선을 '확' 사로잡는 일이다. 홍수처럼 밀려 나오는 온갖 광고 속에서 튀지 않으면 살아남기 힘들다. 그래서 주목경제(attention economy)라는 용어도 나왔다. 소비자 이목을 집중시키기 위해 기업들은 자극적이고 기발한 광고를 끊임없이 만들어낸다. 특히 라이벌 기업 사이에서는 어떻게 해서든지 자사 제품이 상대 회사보다 더 우월하다는 점을 부각하고 각인하려 한다.

　방법은 두 가지다. 자사 제품을 크게 부각하든지 타사의 제품을 크게 깎아내리는 것이다. 파급력은 후자가 더 크다. 긍정적인 면보다 부정적인 면에 소비자들은 관심을 집중하기 때문이다. 다만 부당하게 비교하거나 비방적인 표시를 하는 경우 부당표시광고행위로 규제를 받을 수 있기에 교묘한 방법으로 상대를 돌려깎기도 한다. 심지어 자기를 깎아내리며 상대편을 공격하는 반전 광고도 있다.

　이 분야에서 '돌려까기'의 최고봉을 꼽으라면 어디일까? 단연 '버거킹'이다. 이른바 햄버거 전쟁, 버거킹과 맥도날드라는 두 거대 라이벌 회사의 광고전은 거의 'crazy'한 수준이다. 곰팡이가 핀 햄버거. 버거킹은 2020년 상반기 그들의 햄버거가 시간이 흐르면서 곰팡이가 피며 썩고 있는 장면을 광고로 만들었다. 우리가 맛있게 먹는 햄버거가 부패하는 장면은 사실 약간 혐오스럽고 충격적이기까지 했다. 그런데 광고 끝부분에 다음과 같은 메시지를 올린다.

"The beauty of no artificial preservations."

(인공 방부제를 넣지 않은 아름다움)[6]

이 광고는 조회수 200만을 훌쩍 넘기며 화제가 됐다. 그런데 연이어 갑자기 떠오르는 기사가 있다. 한 동영상 공유 사이트에서 제조년도가 1996년인데도 멀쩡한 맥도날드 햄버거 영상이 올라와 수일 만에 300만 이상 조회수를 기록했다는 내용이다.[7] 무려 24년이나 지났는데 썩지 않은 것이다. 버거킹이 무엇을 강조하는지 곧바로 알 수 있다. 자사의 제품은 방부제 없는 신선한 제품이라는 뜻이다. 처음 본 순간 살짝 혐오스럽기까지 했던 이 광고는 지금은 신선하다는 이미지로 소비자들 머릿속에 각인될 수 있었다. 반대로 맥도날드 브랜드는 왠지 건강에 좋지 않을 듯한 이미지가 들어섰다. 부패의 미학으로 소비자의 마음을 흔든 버거킹은 돌려까기의 고수다.

재치 있는 돌려까기로 소비자의 눈과 마음을 흔든 사례도 있다. 주인공은 역시 버거킹이다. 맥도날드가 그들의 페이스북 계정에 소비자 불만 글을 몇 년 동안 방치하자 버거킹 이름으로 각 불만 글마다 일일이 직접 댓글을 달아 대신 대응을 한 것이다. 대충 이런 내용이다.[8]

소비자 불만 : 맥드라이브에서 2시간이나 기다렸어

버거킹 답글 : 패스트푸드가 가끔 느리게 나올 수도 있지.

　　　　　　자. 여기 퀵 와퍼(쿠폰) 받아~

소비자 불만 : 빅맥에 빵이 하나밖에 없잖아.

버거킹 답글 : 빅맥 컨버터블? 혁신 쩌네.

자. 여기 빵 두 개 짜리 와퍼 받아~

소비자 불만 : 크지도 않은데 왜 빅맥이죠?

버거킹 답글 : 내가 변명을 해주자면...소맥(Small Mac)을 원하는 사람은

없잖아.

자. 여기 레귤러 와퍼 받아~

참 기발한 마케팅 아닌가? 경쟁사 불만 글에 편을 들어주는 척하며 자사 제품 무료쿠폰을 보내버리니 말이다. 이 댓글들을 모아 만든 광고에서는 능청스럽게도 "우리가 완벽하지는 않지만 그래도 오래된 친구는 도와야지"라며 맥도날드 계정에 댓글을 단 이유를 설명한다. 바로 'Wopper Reply' 광고다. 이 광고를 본 소비자들은 맥도날드 브랜드에 대해 소비자 불만을 제대로 처리해주지 않는 기업, 무뚝뚝한 기업 이미지를 갖게 되지 않았을까?

—— 갈라치고 자극해 흔들어라

●

소셜미디어에서 대중을 흔들면 어떤 이득이 있을까? 일단 막대한 조회수를 통한 금전적 이득과 정치적 영향력을 얻을 수 있다. 요새

많은 동영상 플랫폼은 조회수나 후원을 통해 수익을 창출하게 하는 시스템을 갖추고 있다. 유튜브에는 '슈퍼챗'이라는 기능이 있는데, 아프리카TV의 '별풍선'이나 트위치(twitch)의 '도네이션' 같은 개념으로 시청자로부터 후원금을 받으면 금액 크기에 따라 실시간 채팅 창에 시청자의 ID와 메시지를 노출시켜준다. 후원 금액은 5,000원에서 50만 원까지로 원화, 달러화 모두 결제 가능하다. 광고주에 부적합한 영상이라는 이유로 '노란 딱지'를 받아 수익을 만들지 못하는 채널들이 이 기능을 많이 사용한다.

그렇다면 대중을 어떻게 흔들까? 세 가지 방법이 있다. '극단적이고 자극적인 발언'을 하거나 '편을 가르고 불안감을 자극'하거나 '불안감을 자극하는 괴소문을 퍼뜨리는 것'이다. 격렬한 논쟁에 불안감까지 더해지면 그 파괴력은 한층 더 강력해진다. 콘텐츠는 당연히 가짜뉴스로 흘러갈 가능성이 크다.

갈라치고 자극해 대중을 흔드는 경우도 비일비재하다. 전 세계인을 가장 불안에 떨게 만드는 것은 단연 코로나19다.

'행여 내가 걸리는 건 아닐까?'

'걸리면 가족과 주변 사람들한테 민폐 끼치는 건 아닐까?'

'완쾌되더라도 사람들이 예전처럼 나를 대해주지 않으면 어쩌나?'

이런 불안과 걱정은 지금 전 세계인의 공통된 관심사다. 그러자 황당한 말들이 나오기 시작했다.

"백신 맞으면 몸에 무선인식칩이 박힌다."

2020년 외국의 한 동영상 공유 사이트에서 사람들이 팔에 작은 칩을 삽입하는 모습이 촬영된 영상이 퍼지기 시작했다. '18개월 내 RFID 칩이 코로나 백신 접종과 함께 찾아올 것(짐승의 표식)'이라는 글과 함께 말이다. 정부가 접종을 핑계로 인체에 칩을 삽입하고 이를 통해 정부가 개인을 감시한다는 것이다. 물론 가짜뉴스다. 하지만 이 영상은 전 세계적으로 실로 엄청난 조회수를 기록하며 공유됐다. 심지어 미국 보수매체의 한 기자는 이런 주장을 서슴치 않았다.

"코로나19는 자연 치유되는 병이다. 정치인들이 통제의 수단으로 백신을 이용하려는 것일 뿐이다."

백신주사를 맞는 것에 대해 찬성하는 쪽과 반대하는 쪽이 첨예하게 갈라진 상황에서 '극단적이고 자극적인 발언'으로 대중을 흔드는 것이다. 불안감에 사로잡힌 대중은 이런 뉴스에 눈길을 빼앗기기 마련이다. 특히 '편을 가르고 불안감을 자극'하는 가짜뉴스는 백신접종이 '안전하다 vs 안전하지 않다', '개인자유권 침해다 vs 개인자유권 침해가 아니다', '바이든 정권에 찬성한다 vs 바이든 정권에 반대한다' 등 의견이 양극단으로 첨예하게 대립하는 논쟁에서 더 큰 위력을 발휘한다. 양쪽의 힘과 세력이 모두 강하게 대립하기에 상대에 대해 자극적이고 선정적으로 공격할수록 같은 편으로부터 아주 높은 관심과 호응을 끌어낼 수 있기 때문이다. 갈라치기의 대가라면 트럼프 전 미국 대통령 역시 빼놓을 수 없다. 그는 인종차별주의적 언행으로 많은 논란을 불러일으켰다.

'불안감을 자극하는 괴소문을 퍼트리는 것' 역시 대중을 흔드는 방법이다. 2020년 3월 초 코로나19 초창기 때 무려 80곳이 넘는 국가가 한국인의 입국을 금지하거나 제한하는 전 세계 기피 대상 국가였다. 매일 수백 명의 확진자가 발생하고 사망자도 점점 늘어나던 때다. 당시 우리 국민의 심정은 어떠했을까? 충격과 불안 그 자체였다.

이런 상황에서 수많은 가짜뉴스가 등장했다. 예컨대 '서울의대 졸업생 단톡방에 올라온 내용'이라는 글에서는 이런 허위사실이 유포됐다.

"확진자가 1,000명이 넘어가면 2주 후부터는 사망자가 급격히 늘어나 나도 감염되기 쉽고 병원에 가는 것이 불가능하다."

'기획재정부가 주관한 제약회사 사장단 회의 내용'라는 글에서는 "현재 치료약 없음. 폐기능 약한 자 방치. 치료 후 일반 폐렴보다 폐 손상 많아 폐활량 손실 엄청 큼. 이 바이러스는 곧바로 폐를 손상시킴" 등과 같은 내용으로 불안감과 공포감을 조성했다. 심지어 "10초 이상 숨을 참아서 기침이나 불편함이 없으면 폐에 섬유증이 없는 것이므로 코로나19에 걸리지 않은 것이다"라는 코로나 자가진단법이 떠돌기도 했다. 가짜뉴스에 다수의 불안감은 점점 커지지만, 그 불안을 이용해 돈을 버는 소수의 쾌감 역시 커진다.

사람들은 왜 가짜뉴스에 자석처럼 끌릴까? 사람들은 본능적으로 '나와 친한 사람이거나 나와 같은 성향의 사람이 보내는 정보가 더 믿을 만하다'라는 생각을 한다. 여기에 약간의 사실과 그럴듯한 출처까지 더해지면 그 글은 완벽히 신뢰할 만한 정보로 탈바꿈한다. 인간은 자신의 의견과 일치하지 않는 정보는 무시하거나 왜곡하지만 일치하는 정보는 아주 쉽게 받아들이기 때문이다. 소위 '확증편향'이다. 왜 자신의 의견과 일치하는 정보는 쉽게 받아들일까? '내 생각이 곧 나를 대표한다'고 생각해서다. 내 생각이 곧 나인데 '나는 틀린 생각을 한다'라고 하면 자신을 부정하는 것 아닌가. 특히 특정 인물이나 이념을 열렬히 추종하는 사람에게 확증편향이 심하게 나타난다. 소위 '광신도' 또는 '~빠'라고 불리는 사람들이다. 여기에 불안감까지 더해지면 이미 그들에게는 사실 여부가 중요하지 않다. 무조건 '자기 편'의 정보만 믿는다. 결국, 금전적 이득이나 영향력을 원하는 개인 또는 조직이 편을 가르고 가짜뉴스를 '생산'하면, 확증편향에 빠진 열혈지지자들이 '유통'한다. 더구나 소셜미디어의 알고리즘은 같은 취향을 가진 사람들을 더 많이 연결하기 때문에 그 확산 속도는 무서울 정도로 빠르다. 인공지능 알고리즘이 대중의 확증편향을 북돋는 것이다.

—— 결국, 기본이다
●

지금까지 기업이 어떻게 불안을 이용해 대중을 흔들어 매출을 올리고 영향력을 행사하는지 살펴봤다. 때로는 무섭게 때로는 초조하게 만들면서 돌려까고 흔들고 갈라치고 자극해 공포와 불안을 조성하면 된다. 결국 사람들을 걱정에 빠지게 하는 것이다, 하지만 명심하자. 운동경기에서 몸의 중심을 잡는 것이 승패를 좌우하듯 사업에서 기업의 중심(中心)을 잡는 것 역시 생존을 좌우한다. 중심이란 '스스로 가운데 서는 것'이다. 가운데 서려면 무엇이 필요할까? 바로 '기본(基本)'이다. 기본은 '무엇의 바탕'이며 바탕이 튼튼해야 중심을 잡을 수 있고 흔들리지 않는다.

인간이 온갖 오염된 환경 속에서 생명을 유지할 수 있는 이유는 몸속에 외부로부터 침투하는 세균이나 바이러스를 막아주는 면역체계가 있기 때문이다. 몸의 방어막인 면역체계가 작동하지 않으면 우리 몸은 수많은 세균과 박테리아에 노출돼 종이에 벤 상처나 환절기 감기 같은 가벼운 증상만으로도 목숨을 잃을 수 있다. 더구나 새로운 변종 바이러스가 출현할 때마다 우리는 백신 주사나 치료제를 통해 우리의 면역체계를 보호하고 강화한다. 이 면역체계가 인간의 생명을 유지시키는 기본이다. 마찬가지로 기업도 외부로부터 침투하는 불확실성을 막아줄 '면역시스템'이 있어야 한다. 기업의 기본은 무엇일까? 바로 기업의 존재 이유인 '목적'이다. 목적이 있어야 기업은 중심을 잃지 않는다. 목적이 전략과 상품 그리고 기업윤리의 중심을 잡는다. 목적과 중심 없이 소비자를 흔들면 반드시 역풍을 맞는다. 또 목적과 중심이 없으면 기업은 외부 불확실성에 스스로 무너진다.

제1장에서 소비자가 불안 때문에 어떻게 흔들리는지 살펴봤다면, 제2장에서는 기업이 불안 때문에 어떻게 흔들리고 무너지는지 살펴보자.

제2장

DO WORRY

불안이 독이다

BE HAPPY

—— 초보 CEO가 더 좋은 성과를 낳는다고?

●

경험 많은 CEO와 이제 갓 CEO가 된 사람 중에 누가 더 좋은 성과를 낳을까? 보통은 경험자를 선호하기 마련이다. 어쩌면 급변하는 경제 환경에 불안감을 덜 느낀다는 측면에서 경험자가 유리할 수 있지만, 반대로 초보자에 비해 불안이 적어 방심하는 경우가 생기기도 한다.

경영진 채용 및 리더십 컨설팅사 스펜서 스튜어트(Spencer Stuart)의 최신 연구는 과거의 성공 법칙을 과신하는 것이 위험하다고 경고한다. 20년 이상 S&P500의 CEO들 855명을 대상으로 한 연구에서, 연구진은 최고경영진 경험이 있는 CEO들이 초보 CEO들보다 중장기적으로 일관되게 낮은 성과를 보인다는 사실을 발견했다.

초보 CEO는 총주주 수익률은 높이고 주가 변동성은 낮추는 방향으로 회사를 이끌었다. 기업 두 곳을 차례로 이끌었던 CEO들 가운데 70퍼센트가 첫 번째 회사에서 더 나은 실적을 냈으며, 60퍼센트 이상은 두 번째 맡은 회사에서 전체 주식시장의 추세를 따라잡지 못했다. 과거에 경험한 성공 법칙에만 집착하다 보니 환경의 변화를 따라잡지 못한 탓이다.

물론, 경험 많은 CEO가 모든 면에서 초보CEO 보다 뒤진다는 것은 절대 아니다. 경험 많은 CEO는 외부 자원 및 인재 등에 접근하는 능력과 단기성과를 내는 능력 그리고 주주와 금융시장에 가치를 전달하는 법, 자금을 빠르게 조달하는 법에 대해서는 초보 CEO를 능가했다.[9] 균형과 조화가 필요하다는 뜻이다.

이제는 기업들이 경험 법칙을 맹신하는 문제를 해결하기 위해 외부 컨설팅을 받기도 하고, 집단지성을 활용하기도 한다. 경쟁에서 이기고도 경영이 위태로워지는 '승자의 저주'를 피하고 과거의 성공 경험이 오히려 기업을 망치는 일을 피하려고 발버둥친다.

위대한 기업이 무너지는 이유 ──

●

큰 성공을 거둔 기업이 순식간에 몰락하는 때가 있다. 저명한 경영컨설턴트 짐 콜린스는 2001년《좋은 기업을 넘어 위대한 기업으로》라는 책에서 그는 에벗, 서킷 시티, 패니메이, 질레트, 킴벌리 클라크, 크로거, 뉴커, 필립 모리스, 피트니 보즈, 월그린즈, 웰즈 파고 등 총 11개 회사를 위대한 기업으로 꼽았다. 하지만, 15년이 지나는 동안 몇몇 위대한 기업이 사라졌다. 100년 넘는 역사를 가진 면도기 업체 질레트는 2005년 P&G에 합병되었고, 전자제품 및 컴퓨터 관련 제품을 취급했던 미국의 대형 유통업체 서킷 시티(Circuit City)는 2008년 금융위기를 넘지 못하고 2009년 파산해 역사 속으로 사라졌다. 미국의 대형 모기지 업체 패니메이(Fannie Mae)는 금융위기로 망하기 일보 직전, 미국 정부의 사상 최대 구제금융으로 가까스로 살아남았지만 사실상 국유화됐다. 그래서일까? 짐 콜린스는 10년 후인 2010년 《위대한 기업은 다 어디로 갔을까》라는 책을 펴낸다. 이 책에서 짐 콜린스는 《좋은 기업을 넘어 위대한 기업으로》, 《성공하는 기업들의 8가지 습관》에 등장했던 60개 주요기업을 분석한 후 크게 흥했다가 쇠퇴한 11개 기업을 선별해 분석했다. 그리고 기업이 몰락할 때 거치는 5단계를 발표했다.

1단계 : 성공으로부터 자만심이 생긴다

2단계 : 원칙 없이 더 많은 욕심을 낸다

3단계 : 위험과 위기 가능성을 부정한다

4단계 : 구원을 찾아 해맨다

5단계 : 유명무실해지거나 생존이 끝난다

가장 중요한 단계는 몇 단계일까? 바로 1단계다. 1단계를 밟지 않으면 5단계까지 갈 일도 없다. 성공에 도취된 자만심은 생기는 그 순간부터 위기를 초래한다. 자만심은 빛나는 과거의 성공에 안주하게 하고 환경이 바뀌어도 여전히 자신의 능력을 과신해서 경영자의 시야를 좁게 만든다. 3단계에서 등장하는 위험경고 신호는 무시하고 긍정적 신호만 보고 싶어 한다. 보고 싶은 것만 보기 때문에 3단계 기업은 물이 끓어오르는지 모르는 냄비 안 개구리와 같다.

걱정이 없던 기업의 미래 ──

●

휴대폰의 제왕으로 불렸던 '노키아' 역시 몰락의 5단계를 밟았다. 노키아는 1990년대 말부터 2000년대까지 전 세계 휴대폰 시장 점유율 1위였다. 2008년 4분기 기준 세계 휴대폰 시장에서 노키아의 점유율은 무려 40.8퍼센트에 달했다.

하지만 2007년 6월, 'iOS'라는 운영체제를 기반으로 다양한 앱(App)을 사용할 수 있게 한 애플의 아이폰이 등장하며 세상을 놀라게 한다. 뒤이어 삼성전자도 스마트폰 시장에 뛰어들면서 시장은 급격히 변하기 시작했다.

그러나 노키아는 이런 변화에 따라가지 않았다. 뒤늦게 움직였을 때는 기업의 경쟁력이 이미 돌이킬 수 없이 약해져 있었다. 13년 동안 '휴대폰 시장 점유율 세계 1위'라는 영광 속에 자만심을 키웠기 때문이다.

당시만 해도 창의적 기업의 대명사였던 노키아는 아이폰이 나오기 2년 전 터치스크린폰을 내놓았다가 시장에서 큰 실패를 겪었다. 그래서 아이폰이 상업적으로 큰 성공을 거두지 못할 것이라 믿었고, 심지어 아이폰을 일종의 조크(joke)라고 봤다. 매력적인 제품이 아니라는 뜻이다. 결국, 뒤늦게 변화를 깨닫고 스마트폰 시장에 뛰어들었지만 이미 애플과 삼성이 시장을 양분한 상태였다.

2010년 심각한 위기의식을 느낀 노키아 경영진은 문제가 많았던 자사의 운영체제를 버리고 마이크로소프트의 모바일 운영체제인 '윈도우폰7'을 장착한다. 해결책을 찾아 나선 결과다. 하지만 이미 때는 늦었다. 2011년부터 애플에 매출이 밀리기 시작했고, 2012년에는 삼성에도 뒤처졌다. 2007년 말 핀란드 1위의 거대 기업의 시가총액이 4분의 1로 줄어드는 데는 불과 4년밖에 걸리지 않았다. 노키아가 마이크로소프트의 운영체제를 택하지 않고 구글의 안드로이드 체제를 택했으면 또 다른 전개가 됐을 것이라 분석하는 전문가도 있다. 하지만 당시 노키아는 구글 안드로이드에 시장 1위 업체로서의 특권적 지위를 요구하다 협상이 결렬됐다. 자만심 때문에 상황이 바뀌었음에도 여전히 시장 지배적 지위를 고집하다 타이밍을 놓친 것이다.

불안의 힘을 이용하라 ——

●

일본의 화려한 영광을 이끌던 '소니' 역시 같은 전철을 밟으며 급격히 몰락했다. 1970년대부터 뛰어난 기술력으로 1990년대까지 모든 글로벌 가전 시장을 주름잡던 소니의 위용은 대단했다. 특히 1979년 출시된 소니의 '워크맨'은 최고의 혁신을 이룬 히트 상품이었으며 소니는 모든 기업이 닮고 싶어 하는 혁신 모델이 되었다.

그러나 2000년대 애플의 '아이팟'이 혁신을 몰고 등장하면서 소니의 워크맨 역시 역사의 뒤안길로 사라졌다. 그 후 소니는 계속 실패하며 몰락을 거듭하다 2002년에는 한 수 아래로 여겼던 삼성전자에게 기업가치마저 추월당했다. 소니 TV 역시 절대적 시장 점유율을 자랑했지만, 기술 중심의 프리미엄 전략에만 매달리다 가성비를 앞세운 삼성전자와 LG전자에게 시장을 완전히 빼앗겼다. 급기야 2020년 4월 기준 소니의 북미 시장 점유율은 판매량 기준으로 1.1퍼센트에 그쳐 충격을 주었다.

'혁신의 아이콘'이 '몰락의 아이콘'이 된 이유가 뭘까? 가장 빈번하게 언급되는 것은 자사의 기술력을 맹신했다는 점이다. 자사기술의 표준화를 통해 시장 독점을 노리는 데 지나치게 몰두한 나머지 환경의 변화에 대응하지 못했다. 자만이 역시 몰락의 시작이다.

자만은 스스로 만족하는 속성이 있다. 스스로 만족하니 불안할 리 없다. 불안하지 않으니 빠르고 끊임없이 변하는 시장을 과소평가한다. 특히 리더가 과거의 성공 법칙을 과신할 경우 '결정적 타이밍'을 놓치게 된다. 자만심이 높을수록 변화의 타이밍을 못 잡는 것이다. 전형적인 '내가 해봐서 아는데' 식의 접근이 나온다. 항상 겸손하고 남의 말을 잘 경청하는 것이야말로 계속 성공을 유지할 수 있는 비결이다.

—— 리더가 가장 싫어하는 것

●

가을에 부는 부드러운 산들바람은 우리의 기분을 좋게 하지만, 겨울에 부는 거친 비바람은 우리의 몸을 잔뜩 움츠리게 한다. 해마다 2월은 어장의 쇠퇴로 고기잡이배가 줄어 연근해에서의 해양사고는 크게 줄어드는 때다. 그러나 2월은 돌발적인 돌풍과 거친 풍랑으로 침몰, 좌초, 전복 등 큰 사고가 가장 잦은 시기이기도 하다. 급작스러운 기상악화 때는 아무리 배가 튼튼하고 경험 많은 선장이더라도 큰 위험을 헤쳐나오기가 어렵기 때문이다.

이와 마찬가지로 시장(market)이라는 바다에서는 최근처럼 패러다임이 바뀔 때 거친 돌풍과 풍랑이 몰려온다. 변화의 폭과 깊이가 넓고 깊을수록 돌풍과 풍랑은 급작스럽고 거칠어져 기업이라는 배를 침몰의 위기에 빠뜨린다.

언제 들이닥칠지 모르는 가장 큰 위협은 말 그대로 '불확실성

(uncertainty)'이다. 불확실성을 잘 이해하는 선장만이 비즈니스 바다에서 배를 위험에 빠뜨리지 않는다.

아래 세 가지 상황이 있다. 불확실성이 가장 큰 상황은 몇 번째일까?

첫 번째, 내일 서울 지역에 비가 내릴 확률이 99퍼센트

두 번째, 내일 내가 산 주식 가격이 떨어질 확률이 50퍼센트

세 번째, 내일 내가 산 로또가 당첨될 확률 약 814만 분의 1

아마 세 번째를 꼽은 사람이 많을 것이다. '불확실성'이라는 단어가 주는 부정적 감정 때문이다. 그러나 답은 두 번째다. 왜 그럴까? 불확실성의 반대말은 확실성이다. 따라서 가장 확실하지 않은 상황이 가장 불확실성이 큰 상황이 된다. 첫 번째는 내일 비가 올 확률이 99퍼센트로 '거의 확실'하게 내일 비가 온다는 뜻이다. 확실성이 지배하는 상황이다. 세 번째는 내가 내일 로또에 당첨될 확률이 814만 분의 1, 이는 내가 내일 로또에 당첨되지 않을 것이 '거의 확실'하다는 뜻이다. 역시 확실성이 지배하는 상황이다. 그래도 우리는 뜻밖의 행운을 바라며 오늘도 로또를 산다. 두 번째 '내가 산 주식이 내일 오를 확률이 50퍼센트'라는 상황은 좀 다르다. 주식시장에서는 오전장까지 신나게 오르다 오후장 마감 직전에 급락할 때도 비일비재하다. '확실하지 않다'라는 뜻이다. 그래서 불확실성이 가

장 큰 상황이란 50퍼센트처럼 '완벽한 확실성의 결여 상태' 또는 '결과를 예측하기 불가능한 상태'를 뜻한다. 따라서 불확실성이 큰 상황은 '기회'와 '위험'이 공존하는 세계다.

'위험(risk)'은 불확실성의 반쪽인 셈이다. 불분명하고 모호한 상황을 본능적으로 피하려는 이유도 여기에 있다. 주식시장에서 가장 싫어하는 단어도 '불확실성'이다. 전 세계적으로 심각한 보건위기를 낳고 있는 코로나19의 종식 시점 역시 불확실성이다. 기업의 리더가 불확실성을 싫어하는 이유는 바로 예측할 수 없어 전략 수립이 불가능하기 때문이다. 전략 수립이 어렵다는 것은 상황 통제가 불가능하다는 것으로 리더에게는 위기가 코앞에 닥친 것과 같다.

그러나 불확실성이 위기를 초래하는 것만은 아니다. 불확실성이 크다는 것은 달리 말하면 '여러 가능성이 존재한다'는 뜻이다. 치명적 위험에 빠질 가능성도 존재하지만, 동시에 전례 없는 기회를 잡을 가능성도 존재한다.

오늘날 우리가 겪는 불확실성은 놀이동산의 롤러코스터와 유사한 면이 많다. 롤러코스터는 언제나 짜릿한 기분을 선사한다. 천천히 올라가다 급작스럽게 하강하고 급커브를 돌다 또다시 급작스럽게 상승한다. 잠시 평온한 듯하다가 또다시 급상승, 급커브 그리고 급하강을 반복한다. "꺄악~"하는 비명소리가 난무하지만 롤러코스터를 타고 난 후의 그 기분은 잊을 수 없다. 불확실성은 롤러코스터와 마찬가지로 갑작스럽게 나타나 우리를 뒤흔들다 잠시 잠잠하다 싶으면 다시 우리를 세차게 뒤흔들어 놓는다.

하지만 현실의 롤러코스터는 재미있다고는 말할 수 없다. 왜일까? 안전벨트가 없기 때문이다. 현실의 롤러코스터는 생존과 직결된다.

우리는 불안한 세상을 살고 있다 ——

●

지난 20여 년간 국내외적으로 과거에는 겪지 못했던 충격을 가져온 국내외 정치, 경제, 기술, 사회, 환경적 사건을 되짚어보자. 현실의 롤러코스터를 탈 준비가 되었는가?

2001년에는 뉴욕에서 2,996명의 사망자와 6,000명 이상의 부상자가 생긴 9.11 테러가 전 세계를 공포를 몰아넣었다. 2000년 3월부터 2002년 10월까지 미국 나스닥 시장을 무려 80퍼센트 가까이 폭락시킨 닷컴버블 붕괴가 있었으며 전 세계 금융권을 강타했던 2008년 미국발 금융위기, 남유럽국가들이 연쇄부도위기를 겪은 2010년 유럽 재정위기가 세계의 경제를 힘들게 했다.

1,368명의 사망자를 내고 전 세계를 방사능 공포로 몰아넣은 2011년 일본의 후쿠시마 원전 대폭발, 미국과 러시아를 다시 신냉전 체제로 만든 2014년 러시아의 크림반도 합병, 304명의 꽃다운

청춘의 목숨을 앗아간 2014년 세월호 침몰 사건, 유럽 국가를 극도의 공포로 몰아넣었던 2016년 IS 연쇄 테러 사건 등으로 우리는 수많은 생명을 잃었다.

2016년에도 사건들이 많았는데 유럽의 체계를 뿌리째 뒤흔든 영국의 브렉시트 결정, 한국 내 싸드(THAAD) 배치를 빌미로 심각한 경제적 타격을 입힌 중국의 한한령, 예상치 못했던 트럼프 미국 대통령 선거 당선, 바둑에서 이세돌 9단에 승리한 인공지능 알파고의 등장 등이 우리를 충격에 빠트렸다.

2017년에는 촛불혁명이라 불리는 사상 최초의 박근혜 대통령 국민 탄핵 결정과 문재인 대통령 당선, 한반도가 전쟁 직전까지 가는 긴장을 초래했던 북한의 연속적 장거리 핵 미사일 실험 도발이 있었다.

2018년에는 각계 각층 유명 인사들이 여론의 도마 위에 오르내리며 충격을 빠트린 '미투운동'의 바람이 불었다. 무려 세 차례나 연속적으로 열리며 우리를 들뜨게 했던 남북 정상회담과 사상 최초로 미국과 북한의 정상이 만난 2018년 6월 북미정상회담도 열렸다. 9월에는 미국이 중국을 향해 무역전쟁을 선포하면서 전 세계 경제를 혼돈에 빠뜨리기 시작했다.

2019년은 2월 북미회담이 결렬되며 한반도 평화 기대감을 일거에 무너뜨렸고, 한국경제의 급소를 노리며 공격했던 7월 일본의 대한국 수출 규제가 시작됐다. 홍콩 정부가 추진한 '범죄인 인도 법안'에 반대해 대규모 '홍콩 민주화 시위'가 일어나며 세계의 관심을 받았고, 미국은 중국을 견제하는 차원에서 대만을 국가로 인정하고 군사적 재무장까지 지원했다.

2020년에 들어서며 불확실성은 극에 달한다. 역사상 유례없는 감염병으로 3월 세계보건기구(WHO)는 '코로나19 대유행'을 선언했고 전 세계가 국경을 닫으며 동시다발적 충격을 받았다. 인종차별과 코로나19 대유행 대처에 미숙했던 트럼프는 바이든에게 대통령직을 넘겨줬다.

2021년 바이든 정부는 한 발 더 나가 미국, 일본, 인도, 호주가 참여한 '반중(反中)연대' 쿼드(Quad)를 강화해 경제를 넘어 중국의 인권 문제까지 정조준하며 중국을 압박하고 있다. 또한 쿠데타로 정권을 장악하고, 군사독재를 이어가려는 정부에 항거해 죽음을 무릅쓰며 펼치고 있는 대규모의 '미얀마 민주화 시위'는 시민을 향한 군부의 무자비한 총격으로 또다시 전 세계의 비난을 받고 있다. 결정적으로 4월에는 한국을 비롯한 아시아 주변국의 격렬한 반대와 규탄에도 불구하고 일방적인 일본의 방사능 오염수 방류 통보로 인해 안전을 위협받고 있는 형편이다.

우리는 변화하는 세상을 살고 있다 ——

●

그동안의 세상이 시장에 부정적 충격을 주는 사건들만 폭풍처럼 몰아친 것은 아니다. 문화 분야에서 한류(韓流)는 과거 유례를 찾아보기 힘들 정도로 전 세계에 막강한 영향력을 발휘하고 있다. 2012년 싸이의 〈강남스타일〉은 영국, 독일, 프랑스, 오스트레일리아, 캐나다, 이탈리아, 스페인, 네덜란드 등 30개국 이상의 공식 차트에서 1위를 차지하며 세계에 K-POP의 존재를 처음으로 알리기 시작하더니 급기야 BTS(방탄소년단)는 2019년 한국 가수 최초로 빌보드 200차트에서 1위를 차지하고 2020년 8월에는 노래 〈Dynamite〉로 한국인 가수 최초로 빌보드 핫 100 차트 1위에 오르며 전 세계에 K-POP 광풍을 일으켰다. 2019년 5월에는 봉준호 감독의 〈기생충〉이 한국영화 최초로 칸 영화제에서 황금종려상을 수상했고 이어 2020년 2월 한국인 감독 최초 아카데미 감독상을 비롯해 무려 4관왕의 주인공이 됐다. 드라마 한류도 폭발적 성장을 하고 있다. 2019년 〈킹덤1〉을 시작으로 2020년 〈킹덤2〉, 〈사랑의 불시착〉, 〈경이로운 소문〉, 〈스위트홈〉 등의 한국 드라마가 2억 명에 가까운 가입자를 보유한 넷플릭스(Netflix)를 통해 전 세계를 강타하고 있다.

코로나19 대유행으로 경제적으로 심각한 타격을 입은 업종이 있는 반면에, 이로 인해 시작된 비대면 문화, 언택트 시대가 한류 드라마에 날개를 달아준 격이다. 보건 분야에서도 한국은 코로나19 방역에 가장 성공한 나라 중 하나로 꼽히며 세계가 한국을 주목하게 했다. 2020년 기준 전 세계 한류 팬은 드디어 1억 명을 돌파했다.

또한 2021년이 시작되자마자 영화 〈미나리〉가 선댄스영화제와

골든글로브 등에서 수상하고 이어서 배우 윤여정이 오스카 여우조연상까지 수상하면서 한국 문화콘텐츠의 힘을 전 세계에 강력하게 선보이고 있다.

역사상 대한민국이 이렇게 전 세계의 주목과 관심을 한 몸에 받은 적이 있었던가. 주목 경제 시대에 이처럼 대한민국이 우리의 문화를 세계에 알릴 절호의 기회를 맞이했던 적이 있었던가.

최근 20여 년은 이처럼 위험과 기회가 마치 롤러코스터처럼 교차하는 불확실성의 시대다.

불확실성 쇼크, 그 놀라운 실체 ──
●

그런데 2008년 미국발 금융위기를 기점으로 불확실성 유발 사건의 빈도가 점점 잦아지더니 2017년부터는 급격히 그 빈도가 커지고 있다. 그 이유가 무엇일까? 바로 '불확실성' 자체가 가진 근본적 특성 때문이다.

여기 1.0000001이라는 숫자가 있다. 굉장히 작은 수다. 1.0000001에 같은 숫자인 1.0000001을 곱하면 1.00000020000001 이라는 수가 나온다. 이 수와 똑같은 수를 다시 곱하면 1.00000040000006 이 나온다. 이런 식으로 총 30회를 연속적으로 곱한다면 과연 몇 자릿수가 나올까? 기껏해야 한 자릿수? 백 단위인 세 자릿수? 천만 단위의 여덟 자릿수? 아니면 억 단위인 아홉 자릿수? 잠깐 책 읽기를 멈추고 생각해보자.

놀랍게도 1.0000001을 시작으로 30회를 곱해가면 무려 스물네 자릿수가 나온다. 바로 아래 숫자다.

207,017,139,865,568,000,000,000

충격적일 정도로 큰 숫자다. 그렇다면 한 가지 더 질문을 해보자.

1.0000001을 시작으로 30회 곱해갔을 때 24 자릿수가 나왔다. 그렇다면 1.0000001을 시작으로 23회 곱해가면 몇 자릿수가 나올까? 30회를 거듭해 곱했을 때 24 자릿수가 나왔으니 23회를 곱했을 때도 큰 수가 나올까? 아니다. 미안하지만 1.521이다. 이것은 더 뜻밖이지 않은가? 이런 뜻밖의 숫자가 나오는 이유는 바로 '구성요소'가 30회로 늘어가고 '곱하기'라는 상호작용이 증가하기 때문이다. 다시 말해 구성요소와 상호작용이 늘어날수록 '기하급수적 변화(exponential change)'라는 뜻밖의 상황이 발생한다.

다음은 위의 내용을 엑셀로 계산했을 때 나오는 숫자들이다.

1회	1.0000001
2회	1.00000020000001
3회	1.00000040000006
4회	1.00000080000028
5회	1.00000160000120
6회	1.00000320000496
7회	1.00000640002016
8회	1.00001280008129
9회	1.00002560032642
10회	1.00005120130821
11회	1.00010240523799
12회	1.00020482096282
13회	1.00040968387726
14회	1.00081953559540
15회	1.00163974282940
16회	1.00328217441535
17회	1.00657512149959
18회	1.01319347522191
19회	1.02656101823225
20회	1.05382752415403
21회	1.11055245066462
22회	1.23332674567719
23회	1.52109486160268
24회	2.31372957799407
25회	5.35334456008463
26회	28.65829797898770
27회	821.29804305245200
28회	674,530.47552178800000
29회	454,991,362,407.64900000000000
30회	207,017,139,865,568,000,000,000.00000000000000

초기값 1.0000001을 시작으로 23회 곱했을 때까지는 거의 변화가 없이 1.521이 나온다. 그런데 26번째는 두 자릿수, 27번째는 세자릿수가 나타나며 미묘한 변화가 감지되기 시작한다. 그러다 28번째 곱했을 때는 여섯 자릿수인 674,530으로 눈에 띄는 변화가 나타나기 시작하고, 29번째는 12 자릿수, 마지막 30번째 때는 24 자릿수라는 완전히 다른 숫자가 나타난다. 이런 현상을 복잡계 용어로 '창발(emergence)적 변화'라 부른다. 새로운 질서를 만들어내는 급격한 변화라는 뜻이다. 정리하면 구성요소(숫자)가 증가하고 구성요소 사이 상호작용(곱하기)이 증가할수록 초기 변화는 미미하지만 특정 지점을 통과하면 급작스러운 변화가 발생해 새로운 질서가 탄생한다. 급격한 변화가 시작되는 지점을 임계점(critical point), 티핑 포인트(tipping point) 또는 특이점(singularity)이라고 한다. 이번 예에서는 27번째가 바로 임계점이다. 지금 우리 사는 세상이 바로 이 임계점을 돌파하고 있는 것으로 보인다.

—— 현실 세계의 불확실성이 폭발하는 순간

●

숫자의 세계가 아닌 현실 세계에서는 어떨까? 한반도 전체를 흔들었던 2002년 한일월드컵, 4강 신화를 안겨준 이 월드컵은 아직도 우리에게 짜릿한 감동을 떠올리게 한다. 특히 전 세계 사람들의 뇌리에 생생하게 박혀 있는 장면은 바로 대한민국 축구 국가대표팀의 공식 서포터즈 '붉은악마'의 길거리 응원이다. "Be The Reds"라는 문구가 적힌 붉은색 티셔츠를 입은 길거리 응원 인파는 조별 리그전이었던 폴란드전과 미국전에서는 각각 50만 명과 77만 명이 모이더니 연승을 거두자 포르투갈전에서는 279만 명이 모였고 임계점이던 포르투갈전에서 승리하자 16강전인 이탈리아와의 시합에서는 420만 명, 8강전인 스페인과의 시합에서는 500만 명, 준결승전 독일전에서는 건국 이래 최대 인파인 무려 700만여 명이 길거리로 쏟아져 나왔다. 50만 명에서 시작됐던 길거리 응원이 700만 명까지 불어난 것이다. 이를 본 전 세계가 깜짝 놀랐다. 승리가 계속될 때마다 '12번째 태극전사'들은 생면부지의 사람들과 서로 얼싸안고 하이파이브를 나누며 환호했으며 지나가는 자동차까지 경적을 울려대며 축하했다. 전 세계적으로도 유례를 찾아볼 수 없던 이 길거리 응원은 그 후 새로운 문화로 정착했다. 구성요소(길거리 응원 사람)가 늘어나고 구성요소간 상호작용(얼싸안고 하이파이브를 나누고)이 증가하면서 기하급수적 변화와 새로운 질서를 만든 결과다.

특히 지금 우리는 이 기하급수적 변화를 몸소 피부로 체감하고 있다. 2019년 12월 중국에서 첫 코로나19 확진자가 발생한 후 누적 확진자는 2020년 4월 1일 100만 명을 넘었다. 이후 확진자가 증가 속도가 급격히 늘며 5월 17일 500만 명을 넘더니 약 한 달 후인 6월 25일엔 1,000만 명을 넘어섰다. 이후 속도는 더욱 가팔라져 8월 7

일 2,000만 명, 9월 14일 3,000만 명, 10월 16일 4,000만 명 등 약 한 달 안팎의 간격으로 1,000만 명씩 증가하더니 11월 9일 5,000만 명을 넘긴 뒤에는 15일 안팎의 간격으로 1,000만 명씩 증가했다. 그리고 2021년 1월 10일 9,000만 명을 넘긴 지 16일 만인 2021년 2월 26일에 누적확진자 총 1억 명을 돌파했다.

확진자 수(구성요소)가 늘어나고 확진자들이 돌아다니며 여러 사람과 만나면서(상호작용) 기하급수적 변화를 가져온 것이다. 2차와 3차 대유행을 거치면서 이제 우리의 삶은 1년 전과는 완전히 달라졌다. 이른바 '포스트 코로나 시대'라 일컬어지는 새로운 질서가 탄생한 것이다.

불확실성은 '기존질서의 파괴'를 가져온다. 기존과는 전혀 다른 변화와 패턴이 출현하므로 새로운 패러다임으로 받아들여지기 전까지는 과거의 경험 법칙이 제대로 작동하지 않는다. 내가 가진 경험과 지식이 소용없게 되니 당황스러워지는 것은 당연하다. 개인이건 기업이건 불확실성을 제대로 다루지 못하면 도태되고 무너질 수 있다. 적절한 준비가 필요한 시기다.

—— 롤러코스터는 언제 멈출까?

●

불확실성이라는 롤러코스터는 언제 멈추게 될까? 놀이동산의 롤러코스터 탑승 시간은 불과 2분 남짓이다. 하지만 현실의 롤러코스터 탑승시간은 무려 20년 이상이다. 게다가 급커브와 가파른 경사, 급하강과 급상승은 앞으로 더욱 잦아질 것이다. 이유는 간단하다. 거듭 말하지만 구성요소와 구성요소간 상호작용이 계속 늘어나기 때문이다.

큰 맥락에서 보자. 지구상에 있는 사람과 사물을 구성요소로 본다면 사람과 사물의 숫자가 늘어날수록 그리고 사람과 사물간 상호작용이 늘어날수록 기하급수적 변화에 따른 불확실성은 커질 것이다. 2021년 3월 현재 지구촌 인구는 약 78억 5,400만 명이다. 앞으로 인구는 어떻게 될까? 2020년 미국 워싱턴대 의과대학 산하 보건계량분석연구소(IHME)의 발표에 따르면 세계 인구는 2064년에 97억 명을 기록해 정점을 찍은 뒤 감소세로 돌아설 것이라 분석했다. 각국이 출산율 억제를 하지 않는다는 가정이 깔려있으니 적어도 2064년까지는 인구(구성요소)가 계속 늘어난다는 의미다.

사람이 늘어나면 자연히 사물의 개수도 늘어날 것이다. 얼마나 많을까. 2021년 3월 24일 하루 동안 TV는 66만대가 판매되고 휴대폰은 658만 대가 팔려나갔다. 또 하루 발행되는 신문만 4억 6,500만 개가 넘는다. 사람과 사람 사이의 상호작용은 얼마나 활발할까? 하루 동안 발송되는 이메일은 2,653억 건 이상, 작성되는 블로그 글은 740만 건 이상, 발송되는 트윗 건만 8억 건 이상이다. 지금 이 순간에도 상상할 수 없을 정도로 거대한 연결이 일어나고 있다. 좀 더

생생하게 느끼고 싶다면 국제통계사이트 〈월드오미터(Worldmeter)〉에 접속해보라. 하루에 실시간으로 늘어나는 각종 숫자를 확인할 수 있다.

사물과 사물 사이의 연결에 관해서는 사물 인터넷(Internet of Things)을 생각해보면 더 쉽게 이해가 간다. 시장조사업체 가트너는 2016년 네트워크에 연결된 사물 수가 64억 개에서 2017년 84억 개로 증가했고 2020년에는 204억 개까지 늘어날 것으로 예측했다. 심지어 IBM은 2020년에는 500억 개의 사물이 인터넷에 연결될 것으로 전망하기도 했다. 또 2020년 시스코 시스템즈는 2023년에는 세계 인구 70퍼센트 이상에 달하는 57억 명 이상이 모바일 네트워크에 연결될 것이고 네트워크에 연결된 기기(사물)는 전 세계 인구 1인당 3.6개, 가구당 10개가 될 것으로 예측했다. 사람과 사람, 사람과 사물, 사물과 사물 사이의 연결이 급격히 늘어나는 결과다. 연결할수록 연결이 쉬우니 연결(상호작용)의 속도까지 빨라진다. 시스코 시스템즈는 전 세계 모바일 연결 평균 속도가 2018년 13Mbps에서 2023년 44Mbps로 세 배 이상 빨라지고, 전 세계 와이파이 연결 평균 속도 역시 2018년 30Mbps에서 2023년 92Mbps로 세 배 이상 빨라질 것으로 예측했다. 바야흐로 엄청난 속도와 규모의 증가를 동반한 '초연결 사회'가 2023년부터 본격적으로 시작되는 것이다.

이런 상황에서 조금만 버티면 힘든 시기는 곧 사라질 것이라 여긴다면 순진한 생각이다. 불확실성을 초래하는 사건과 사고는 앞으로 더 크고 빈번하게 우리 앞에 나타날 것이다. 갈수록 세상은 예측 가능하지도 안전하지도 않다. 하차 없는 무한궤도의 롤러코스터를 계속 타야 한다. 이제 우리는 다음과 같은 질문을 던져야 한다. 과연 우리는 롤러코스터를 탈 준비가 돼 있는가? 궤도에서 튕겨 나가지 않기 위한 안전벨트는 있는가? 그 안전벨트를 착용하는 방법은 알고 있는가? 스릴을 즐기려는 목적으로 롤러코스터를 타려면, 불확실성이 만드는 '불안(anxiety)'에 대해 먼저 알아야 한다.

당신의 불안은 안녕하십니까? ──

●

불확실성은 우리에게 어떤 감정을 느끼게 할까? 불확실성이 높을수록 우리는 불안(anxiety)을 느낀다. 불안은 '친숙하지 않거나 위협적인 환경에 대응하기 위해 인간이 느끼는 본능적인 경고 반응'인데 두려움(fear)과는 차이가 있다. 예상되는 구체적인 위험에 대한 즉각적 반응이 두려움이라면, 불안은 다가올 위험에 대한 부정적 예측과 인지 반응이다. 칼을 든 강도가 내 앞에 있으면 두려움을 느끼지만, 내일 중요한 발표를 앞두면 불안감을 느낀다. 불안에 휩싸이면 집중이 힘들고 인지 능력도 떨어진다. 자질구레한 일들에 집착하는 탓에 머릿속을 정리할 수 없으니 계획을 세우기도 힘들다. 중요한 의사 결정에 적지 않은 영향을 미칠 수밖에 없다. 자신의 불안이 안녕한

지 살펴야 할 이유다.

다음 6개 항목 중 몇 가지나 해당하는지 스스로 물어보자.

1. 안절부절못하거나 가장자리에 선 듯 아슬아슬한 느낌이다.

2. 쉽게 피로해진다.

3. 특정 일에 집중하기 힘들고 멍해지는 때가 많다.

4. 화를 잘 낸다.

5. 근육이 긴장돼 있다.

6. 잠을 잘 자지 못한다.

만일, 위 6개 항목 모두에 해당한다면 특별히 조심해야 한다. '범불안장애'를 겪을 수 있기 때문이다. 범불안장애를 겪게 되면 근육긴장, 수면 장애 등과 같은 신체적 증상에 심각한 고통을 느끼며 학업이나 업무에 지장이 생긴다. 불안감을 도저히 통제하기 힘들다고 느끼게 된다. 과도한 불안과 걱정이 매우 오랜 기간 지속되면서 매사에 회피적이고 타인 의존적이 된다. 특히 대중의 사랑을 먹고 사는 연예인들에게 이 질환이 많이 나타나는데 〈무한도전〉의 출연자 정형돈 역시 이 질환 때문에 어느 날 갑자기 모든 방송 프로그램에서 하차했다. 그 후 SBS 〈힐링캠프〉에 출현해 그는 "연예인 생활하면서 갑자기 떠서 이 인기가 언제까지 지속할지 몰라, 불안장애약을 먹고 있다"고 털어놓은 바 있다. 언제 인기가 떨어질지 모른다는 생각, 즉 불확실한 미래가 불안했기 때문이다.

직장인 역시 마찬가지다. 회사만 가면 불안해지는 직장인들이 점점 늘고 있다. 2017년 잡코리아의 조사에 따르면 직장인 10명 중 8명이 무기력하고 우울해지는 '회사 우울증'에 빠져 있었다. 응답자 중 절반 가까이 꼽은 우울감의 첫 번째 원인은 '내 자신의 미래에 대한 불확실성'이었고 두 번째가 '회사에 대한 불확실한 비전'이었다. 또 응답자의 66.5퍼센트가 '현재 자신의 고용상태에 대해 불안감을 느끼고 있다'고 답했다. 2021년 1월 여론조사기관 엠브레인 퍼블릭에 따르면 코로나19로 '불안감이 심각하다'는 응답은 1차 조사 25.9퍼센트에서 4차 조사(2020년 12월) 51.0퍼센트로 2배나 높아졌고 정규직의 49.5퍼센트, 비정규직의 53.3퍼센트가 불안감을 호소했다. 언제 해고될지 모른다는 불확실성이 불안감을 부추기는 것이다.

완벽한 CEO의 뒷모습 ——

●

흔히 성공한 기업의 CEO는 평범한 사람에게는 완벽해 보인다. 넘쳐나는 자신감, 냉철한 이성과 집념, 온갖 난관을 극복하며 이뤄낸 경이로운 성과, 수많은 추종자와 쌓아올린 부(富)를 보면 부러움을 금할 수 없다. 하지만 불안에 가장 취약한 계층 중 하나가 바로 CEO들이다. 그들은 불확실한 상황에서 회사의 존립에 영향을 미치는 중요한 의사 결정을 급하게 선택해야 할 때가 많다. 하지만 선택에 따른 모든 책임은 오롯이 CEO의 몫이다. 특히 불안에 취약한 리더일수록 글로벌 금융위기와 같은 감당할 수 없는 위기에 처했을 때는 극단적 선택을 하는 때도 있다.

순자산이 120억 달러로 전 세계에서 97번째였고 독일에서는 최고 부자였던 억만장자 아돌프 메르클레는 2009년 1월 달려오는 열차에 몸을 던져 스스로 목숨을 끊었다. 독일 최대 시멘트 회사인 하이델베르크시멘트와 제약회사 라티오팜 등 120개 자회사, 직원 10만 명을 거느린 대기업의 총수가 왜 이런 극단적 선택을 했을까? 2007년 금융위기 당시 회사가 위험에 처하자 주가 하락에 베팅했다가 30억 달러의 손실을 보았기 때문이다. 당일 그의 가족은 다음과 같은 성명을 냈다.

"금융위기로 인해 회사가 절박한 상황에 놓였고, 지난 몇 주 동안 이런 불확실한 상황으로 할 수 있는 일이 없다는 무력감에 시달리게 된 것이 열정적인 사업가를 죽음으로 내몰았다."

불확실성이 그를 극도의 불안에 휩싸이게 만들고 극단적 선택을 하게 만든 것이다. 그는 평소에도 자전거를 타고 출퇴근할 정도로 건실했는데, 독일 '기업가 정신'의 상징적 존재 같던 그의 죽음은 당시 독일 사회에 커다란 충격을 줬다.

한 달에 10억 명 이상이 방문하는 미국 최대 커뮤니티 사이트인 '레딧(Reddit)'의 공동창립자이자 인터넷 자유 운동가였던 에런 스워츠는 2013년 27세의 비극적인 나이에 스스로 목을 매어 목숨을 끊었다. 14살 때 블로그 구독 툴인 RSS를 만들어 전 세계 정보의 흐름을 바꾼 이 천재 소년의 삶을 앗아간 것은 무엇이었을까. MIT에서 480만 개의 논문을 불법으로 내려받았다는 혐의로 기소된 35년 징역과 10억 원의 벌금형이 걸린 재판이었다. 검찰의 가혹한 징역 및 벌금 구형으로 우울증에 시달리던 그는 결국 재판을 앞둔 한 달 전에 극단적 선택을 했다.

경제적 활동 중 발생한 법적 문제는 CEO가 상당 부분 책임져야 한다. 2019년 한국경제연구원이 경제법령의 형벌규정을 전수 조사한 결과, 2,657개 처벌 항목 중 무려 83퍼센트인 2,205개가 CEO를 처벌할 수 있는 법안으로 드러났다. 특히 임직원이 범한 잘못까지 대표이사에 묻는 경우도 허다하다. CEO가 현실적으로 통제 불가능한 임직원의 은밀한 불법행위까지 책임을 떠맡아야 하는 부담도 크다. 이런 의사 결정 압박과 법적 책임에 따른 불안은 CEO의 의사 결정에 큰 영향을 미친다. 우울증 외에도 만성적으로 몸이 아팠던 에런 스워츠는 자신이 짊어진 짐의 무게가 힘에 겨운 듯 이런 말을 남겼다.

"신선한 공기를 쐬고 사랑하는 사람과 껴안아도 나아지지 않는다. 오히려 다른 사람만큼 행복할 수 없다는 것에 화가 나고 더 슬퍼진다. 머리와 몸을 관통하는 고통에 탈출구를 찾을 수 없다."

해외뿐 아니라 국내 유명 기업인들의 자살도 일일이 열거하기 어려울 만큼 숱하게 많다. 모두 극도의 불확실성과 불안감으로 스스로 극단적인 회피 전략을 사용한 안타까운 사례들이다.

2015년 캘리포니아대학교 샌프란시스코 의과대학 정신의학과 교수인 마이클 프리먼 박사 연구팀의 조사에 따르면 놀랍게도 연구에 참여한 기업가 중 무려 72퍼센트가 우울증, 불안증 등의 정신 건강 문제를 겪고 있었고 우울증을 겪을 확률이 일반인보다 2배나 높았다.

2020년 5월 한국경영자총협회(경총)가 코로나19로 피해를 입은 기업 223곳을 대상으로 '코로나19 사태 관련 기업 인식 및 현황조사'를 실시한 결과, 1997년 IMF 외환위기와 2008년 글로벌 금융위기 때보다 코로나19로 인한 경제적 충격을 약 30퍼센트 정도 더 크게 체감하는 것으로 나타났다. 또 대한상공회의소가 2021년 1월 대기업과 중견기업 110곳, 중소기업 192곳을 대상으로 '코로나 사태 1년, 산업계 영향과 정책과제'를 조사한 결과 기업의 84퍼센트가 코로나19로 피해를 받거나 생존을 위협받는 것으로 나타났다. 여기에 영업제한 및 집합금지 등 정부의 방역조치로 노래방, 당구장, 유흥주점, 헬스장, 학원, 카페, 식당, 미용실, PC방, 숙박업소 등의 자영업자들은 직격탄을 맞았다. 이들은 부채 때문에 폐업도 하지 못하고 손실이 눈덩이처럼 불어나고 있는 상황이다. 집단면역이 이뤄지기 전까지 코로나19 대유행은 업종을 가리지 않고 기업가나 자영업자 모두에게 심각한 경제적 피해와 정신적 충격을 줄 것이고, 이는 다시 잘못된 의사 결정으로 이어질 가능성을 키울 것이다.

성공한 기업이 급작스레 무너지는 이유 ——

●

  2014년 4월 16일 아침. 전 국민이 가슴 졸이며 지켜봤지만 꽃다운 청춘 304명의 목숨은 깊은 바다 밑으로 사라졌다. 그러나 안타깝게도 세월호의 침몰 원인은 여전히 논쟁 중이다. 방향타 계통의 고장이나 과적 및 부실한 화물고정 등의 내인설(內因說)과 세월호가 가라앉기 직전의 급선회, 선체 변형 등 외부 원인인 외인설(外因說)이 서로 맞서고 있지만, 지금은 전자에 좀 더 무게가 실린 상황이다.

  일반적으로 선박이 중심을 잃고 뒤집히는 이유는 크게 3가지로 볼 수 있다. 거대한 파도나 외부 물체에 의한 충격, 적재용량을 초과한 과적 그리고 관리 부실에 의한 노후 때문이다. 이 세 가지가 복합적으로 작용하는 때도 있지만, 분명한 것은 배가 기울어진 상태를 회복하지 못하고 뒤집어진 것이다.

  세월호의 경우 정상적인 배라면 다시 복원됐을 30도에서 이미 통제 불가능한 상황이었다는 주장이 있다. 무리한 증축으로 좌우 불균형이 생긴 상태에서 사고 당일 화물 적재량(1,077t)의 2배에 이르는 과적(2,142t), 차량과 컨테이너 등 화물고정 부실 등이 선박의 복원력을 현저히 떨어뜨린 것이다.

  모든 배는 복원력을 넘어서는 특정 지점을 넘어서면 배를 다시 세우기는 불가능하다. 선박 용어로 '복원력 소실각(Vanishing Point of Stability)'이라고 하는데 이론적으로는 57.3도가 넘으면 배는 통제력을 상실한다. 급격한 변화가 나타나기 시작하는 이 지점을 수학 용어로는 '임계점(Critical Point)', 기술 용어로는 '특이점(Singularity)', 마케팅 용어로는 '티핑 포인트(Tipping Point)'라는 말을 쓴다.

기업도 이와 마찬가지다. 일반적으로 크게 성공한 기업은 앞으로도 계속 승승장구할 것으로 생각하지만, 리더의 심리상태에 따라 순식간에 무너질 수도 있다. 기업이 특정 임계점을 돌파하면 통제 불가능해질 정도로 급격한 변화(좋은 의미든, 나쁜 의미든)가 일어나기 때문이다. 성공한 기업이 기하급수적인 쇠퇴를 시작하는 지점은 언제일까? 앞에서 언급한 짐 콜린스의 기업이 몰락하는 5단계 중 위험과 위기를 무시하는 3단계를 넘어 4단계(구원을 찾아 헤매는 단계)로 접어들 때부터다. 왜 이때가 임계점이 될까? 회사가 무너지기 일보 직전임을 자각한 리더가 소위 '멘붕(멘탈 붕괴)'에 빠지기 때문이다. 다급하고 초조하며 과격해진다. 부정적 생각이 쓰나미처럼 몰려온다.

리더가 이런 상태라면 기업 분위기는 어떠할까? 회의가 잦아지고 리더의 언성이 높아진다. 일이 점점 꼬이니 당연하다. 말하는 사람은 오직 리더뿐, 직원들은 눈치만 보며 침묵한다. 잘못 말했다가는 되려 리더의 화만 돋우기 때문이다. 모두 '예스맨'이 되어 바짝 엎드린다. 업무 시간 중에도 직원들끼리 삼삼오오 모여 수군거리기 시작한다. 회사가 잘못하면 망할 수도 있다는 소문이 돌면서다. 인재들이 한둘씩 회사를 떠난다. 침몰 징후를 알아채는 것은 인재들이기 때문이다. 리더의 얼굴을 점점 회사에서 보기 힘들다. 외부의 도움을 구하러 다니기 정신없으니까.

불안을 편안으로 바꾸는 법

●

지금부터는 어떤 과정을 거쳐 이런 극단적인 상황이 만들어지는지 살펴보자.

먼저 불안을 다루는 법을 살펴보자. 앞에서 살펴봤듯이 불안은 인간이 본능적으로 싫어하는 감정이다. 불안에 휩싸이면 일에 몰두하기 힘들고 눈앞에 닥친 일 외에는 다른 생각을 할 수 없어 인지 및 판단 능력이 크게 떨어진다. 그래서 인간은 불안(不安)을 피하고 편안(便安)하기 위해 본인도 모르게 여러 전략을 이용한다. 대표적인 전략은 아래와 같다.

- 도망가기
- 핑계 대기
- 정신 승리
- 걱정하기

일반적으로 사람들이 어렵거나 위험한 일이 닥치면 가장 많이 쓰는 전략은 '도망가기'다. 다른 말로 '회피 전략'이다. 원시 인류가 맹수를 만났을 때 본능적으로 쓰는 전략이 지금까지 내려오는 셈이다. 회사에서도 중요한 의사 결정을 앞두고 최종 결제권자인 리더(경영진)가 잠적하는 경우가 가끔 있다. 전화도 받지 않고 근처 PC방에 가서 게임을 하거나 사우나에 가버린다. 계속 울리는 전화벨 소리를 들으며 리더는 이런 생각을 한다. '짜증나게 왜 계속 전화질이야. 이쯤 되면 자기들이 알아서들 하면 되잖아.' 결국 다시 회사로 돌아간 리더는 안절부절못하다 최종 의사 결정을 직원들에게 떠넘긴다. '책임은 같이 지는 것'이라는 말을 덧붙이면서. 리더가 직원들에게 명확하고 구체적인 지시를 못 내리는 것은 결국 심리적 불안 때문이다. 이런 리더는 '내 결정이 오히려 일을 망치는 것은 아닐까' 하는 마음에 움츠리고 도망가는 방법으로 불안에 대처한 것이다.

'핑계 대기'도 많은 사람들이 사용한다. 다가올 위험에 대한 불안 감을 피하기 위해 의도적으로 결정이나 행동을 미루다 막판에 가서야 마무리를 짓고 결과가 나쁘게 나왔을 경우 '타이밍이 늦어서', '다른 일이 바빠서' 그랬다는 핑계를 댄다. 그럼으로써 자신의 역량 부족이 아닌 운이나 외부 환경 탓으로 실패를 돌린다. 예를 들면, 최고 경영자가 위기의식을 느껴 중간관리자에게 매출향상, 비용절감, 신제품 개발 일정 단축 등을 지시하면 이런 종류의 반응이 나오는 경우가 잦다.

"이 지시를 이행하려면 먼저 애자일 경영 도입, 직원 재교육, 새로운 인재 시스템 구축, 정밀한 시장조사 등등이 필요합니다.”

성과에 대한 불안으로 중간관리자들이 이런저런 핑계를 대며 일의 진행을 미루는 것이다. 성과를 내지 못해도 좋은 핑곗거리가 얼마든지 있지 않은가. 이것을 심리학 용어로는 '자기불구화(Self-Handicapping)' 전략이라고 한다. 의도적으로 자신을 불구화시켜 불안을 회피하는 방법이다. 결과가 자신의 잘못이 아니라 생각하니 자존감에 상처받을 일도 없다. 이러면 그 회사는 결코 변화나 성장을 도모할 수 없다.

'정신 승리' 전략 역시 많이 볼 수 있다. 주로 경쟁환경에서 많이 나타나는 정신 승리는 자신이 실패하거나 뒤떨어질 수 있다는 두려움과 불안감을 해소하기 위해 실패의 원인을 특수한 외부적 요인으로 돌린다. 그리고 특수한 외부적 요인이 사라지면 다시 정상적으로 돌아올 것이라 믿는다. 예를 들어, 회사가 정부지원금을 받기 위해 제안서를 제출하고 발표까지 했지만, 최종 심사에서 떨어졌다고 하자. 회사의 리더는 어떻게 생각하기 쉬울까? 제안 평가를 하는 심사위원들이 전문성이 없어 자신의 프로젝트 가치를 알아보지 못했거나, 시간이 너무 촉박해 발표 준비를 충분히 못해 떨어졌다고 생각할 수도 있다. 만일 심사위원만 전문성을 가졌더라면, 만일 시간만 충분했더라면 절대 떨어지지 않았으리라 생각한다. 한마디로 정신 승리다. 이렇게 생각하면 실패에 대한 자책감이나 앞으로도 계속 실패할 것이라는 불안함을 덜어낼 수 있다. 이를 심리학 용어로는

'귀인 편향(attribution bias)'이라 부른다. 당장은 실패에 따른 자아상의 상처와 앞으로 실패가 반복되리라는 불안감은 막을 수 있겠지만, 계속 이 전략을 고수하면 실패에서 얻는 소중한 경험과 교훈은 영영 얻을 수 없다. 변화와 발전을 기대할 수 없게 되는 것이다.

── '도망가기'가 이끄는 파국의 길
●

'도망가기', '핑계 대기', '정신 승리'를 불안을 다루는 전략으로 자주 사용하는 사람이라면 '근거 없는 낙관주의자'일 가능성이 크다.

바비 맥퍼린(Bobby Mcferrin)의 〈Don't worry, be happy〉는 누구나 한번쯤 들어봤을 노래다. 가사 내용을 한마디로 요약하면 '아무 걱정하지 말고 편하게 생각하라'이다. 사람들의 불안 심리를 잘 건드려 히트한 것이다. 그런데 이런 무조건적이고 '근거 없는 낙관주의'는 기업의 리더에게는 독이 될 수도 있다.

물론 낙관주의 성향의 리더는 늘 쾌활하고 유머 감각도 있어 직원들과의 관계도 좋다. 어려운 일이 닥치면 직원들을 위로하거나 힘을 북돋기도 한다. "괜찮아. 모든 게 잘 풀릴 거야", "당연히 그럴 수 있어. 뭐가 문제야", "걱정하지마. 시간이 지나면 모든 게 해결돼" 등등. 하지만 정작 본인에게 어떤 불안감이 엄습해오면 그 감정을 애써 무시한다. 불안한 감정 자체가 싫은 것이다. 그리고는 앞으로 잘

될 것이라 스스로 다독이는 '근거 없는 낙관주의자'가 된다. 행여 직원이 문제를 제기하면 무시하거나 오히려 화를 내는 때도 있다.

《위험사회》의 저자 울리히 벡은 과거 한 국내 언론사와 인터뷰 중 한국을 '특별히 위험이 심화된 사회'로 지칭하며 이렇게 지적한 적이 있다.

"사람들은 위험 앞에서 눈 감거나 스스로 보호막을 치는 경우가 많다. 그러면 상황판단 능력을 상실한다. 어느 정도 현실 감각을 유지하는 것이 중요하다."

그의 말처럼 우리는 통제할 수 없다고 느끼는 상황에 장기간 지속적이고 반복적으로 노출되면 스스로 방어막을 친다. 그리고 모든 것이 잘될 것이라 믿는다. 하지만, 낙관적인 리더가 불안으로부터 도망가기 시작하면 조직에 문제가 발생한다.

먼저 리더의 '고립감'이 커진다. 리더는 기본적으로 혼자 회사의 운명을 좌지우지할 의사 결정을 해야 한다. 모든 선택의 책임이 최종적으로 리더에게 있다. 그런데 리더가 불안을 회피하기 시작하면 경쟁 상황이나 고객 요구와 기술 동향 등 '변화에 무관심'해지고 직원과 '소통이 단절'된다. 부정적 감정을 느끼기 싫어서다. 리더의 이런 태도와 행동은 회사에 막대한 영향을 미친다. 실제로 컨설팅업체 네이발란트는 2,700명 이상의 임원들을 대상으로 10년간 심층 관찰한 결과 실패하는 경영자의 공통점을 찾아냈다. 고객의 요구나 기술 동향 등을 파악하지 못하면 경영자가 비현실적인 목표를 설정하거나 소비자가 원하는 것과 동떨어진 제품 전략을 추진한다는 점이다. '도망가기' 전략을 쓰다 보니 시장의 변화를 포착하지 못한 채 과거의 패턴대로 기업을 운영한 탓이다. 직원들 역시 눈치를 보며 나서기보다 직면한 문제를 회피한다. 월급만 제때 나오면 그만이다. 그 결과 회사 내부 결속력에 문제가 생긴다.

미국 스탠퍼드대학교 심리학자 켈리 맥고니걸은 《스트레스의 힘》에서 회피 전략의 심각성을 지적하며 일본 도시샤대학교 학생들을 대상으로 연구를 한 결과 '스트레스를 피하겠다'는 목표는 시간이 흐르면서 유대감과 소속감을 급격히 떨어뜨렸다. 또 미국 캘리포니아주 팔로 알토에 있는 미 보훈부에서 10년 동안 1,000명 이상의 성인을 추적 조사한 결과, 연구 초반 "스트레스를 피하려고 노력한다"고 대답한 사람들은 향후 10년 동안 우울해지는 경향이 더 높았고 직장과 가정에서의 갈등이나 화재, 이혼 등의 부정적 결과가 더 많았다. 스트레스를 회피하려 한 대가가 유대감과 소속감을 떨어뜨리고 시간이 지날수록 부정적 사건을 많이 만나게 한다는 것이다. '유대감과 소속감의 단절'은 리더를 더욱 고립감에 빠뜨려 변화 무관심, 소통 단절이 되고 이것은 다시 유대감과 소속감 단절로 이어지는 '파국의 회오리'에 빠져든다.

마지막 문제는 '걱정 맹시'다. 심리학에서 보고 있어도 보지 못하는 현상을 '부주의 맹시(inattentional blindness)'라 하는데, 특정 자극에만 집중하고 익숙하게 되면 실제 변화를 보지 못하는 현상을 나타낸다. 유명한 실험 사례가 '보이지 않는 고릴라'다. 먼저 흰색 셔츠를 입은 팀 3명과 검은색 셔츠를 입은 팀 3명 등 총 6명이 동그랗게 모여 서로 농구공을 패스한다. 실험 참가자는 흰색 셔츠 팀의 패스 횟수만 세라는 지시를 받는다. 그리고 1분 정도 되는 실험에서 고릴라 옷을 입은 학생이 천천히 등장해 카메라 정면을 보고 고릴라처럼 가슴을 두드린 뒤 퇴장한다. 농구공 건네받기가 끝난 후 실험참여자에게 고릴라를 봤냐고 물어보는데 놀랍게도 실험 참가자 중 절반이 고릴라를 보지 못했다고 답했다. 지시에 집중하면 주변의 변화를 눈치채지 못하는 것이다.

같은 현상이 불안을 회피하는 리더에게도 나타난다. 불안을 회피하기 위해 스스로 고립하고 소통을 단절하면서 기존에 하던 일에만 집중하면, 주변의 변화를 눈치채지 못하고 그 결과 위기를 자초하게 된다. 나는 이를 '걱정 맹시'라고 부른다. 자연히 시간이 흐를수록 현실의 변화에 무감각해지고 상황판단 능력을 상실한다. 이때 내리는 의사 결정은 파국적이다.

결국, '도망가기'로 불안을 다스리는 사람은 ① 고립감 → ② 변화 무관심 → ③ 소통 단절 → ④ 유대감 및 소속감 단절 → ⑤ 걱정 맹시 → ⑥ 파국적 결과로 이어지는 6단계 경로를 밟는다.

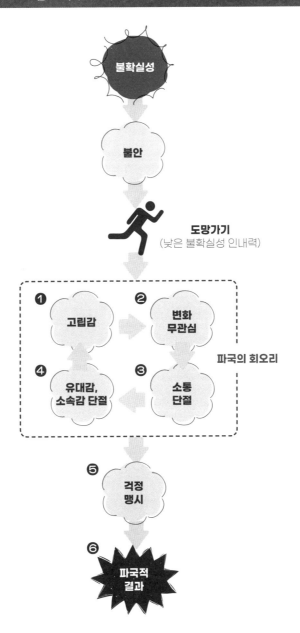

그림 1 : 파국으로 이끄는 '도망가기'의 6단계 경로

불확실성

불안

도망가기
(낮은 불확실성 인내력)

① 고립감
② 변화 무관심
③ 소통 단절
④ 유대감, 소속감 단절

파국의 회오리

⑤ 걱정 맹시

⑥ 파국적 결과

제3장

DO WORRY

걱정의 두 얼굴

BE HAPPY

── 걱정의 탄생

●

불안을 다루는 마지막 전략이자 핵심 전략은 '걱정하기'다. 걱정은 불안을 덜기 위해 인간이 쓰는 대표적인 전략적 도구다. 심리학에서 걱정(worry)은 '결과가 불확실한 미래 사건과 관련해 상대적으로 통제가 불가능하다고 느끼는 부정적인 생각과 이미지의 연쇄적 사슬로 주로 언어적이고 개념적인 활동'이라고 정의한다.[10] 또 평생을 걱정과 불안에 관해 연구해온 심리학자 토머스 보르코벡(Thomas Borkovec) 교수는 걱정이란 '미래에 일어날지도 모른다고 몹시 두려워하는 부정적인 상황에 대해서 상당히 많은 부분을 자신에게 말하는 것'이라고 정의했다. 여기서 '자신에게 말하는 것'이란 이런 것들이다.

'회의 시간에 늦으면 어쩌지? 그러면 난 상사한테 찍힐 거야, 상사

에 찍히면 승진을 못할테지. 승진 못하면 빚도 못 갚을 거야.'

'내일 시험을 망치면 어떻게 하지? 부모님께 꾸중 들을 거야. 좋은 대학도 포기해야겠지.'

'이번 달 카드값 못 갚으면 어떻게 하지? 매일 독촉 전화 받을 거야. 회사나 집 앞까지 찾아올 수도 있어. 친구한테 돈을 빌릴까? 친구가 거절하면 또 어떻게 하지?'

이렇게 자신도 모르게 '만약~' 이라는 수많은 질문과 답변을 스스로 던지고 답해가는 과정이다. 이 책에서는 걱정을 '다가올 부정적 상황을 통제할 수 없을까 두려워 미리 시뮬레이션(사고실험)하는 과정'이라고 정의하겠다. 부정적 상황을 시뮬레이션하는 과정 자체가 불안을 덜어주는 역할을 해줄 수 있다. 이런 차원의 걱정은 다가올 상황을 이리저리 상상해보고 해결책을 찾게 하는 강력한 순기능을 가진다. 심지어 제대로 하는 걱정은 혁신과 더불어 새로운 문화를 창조하는 힘까지 있다. 걱정을 해결하는 과정에서 인간의 놀라운 창의성이 발휘된다. 오늘날 인간의 찬란한 문화는 모두 정밀하고 효율적인 걱정을 통해 창조되고 발전했다 해도 과언이 아니다.

성형의 시작

걱정은 성형의 역사를 만들었다. 공인된 최초의 성형수술을 받은 사람은 1차 대전 이후인 1917년, 전쟁에 참전했다가 미사일 파편으로 인해 눈꺼풀과 눈 주위 피부를 모두 잃은 '월터 여'(Walter Yeo)라는 인물이었다. 하지만 이것은 공인된 외과 의사에 의해 이루어진 첫 시술일 뿐이다.

실제 성형의 시초는 무려 기원전 800년 전 인도까지 거슬러 올라간다. 당시 인도에서는 간통하거나 품행이 단정하지 못한 여성에게 상상할 수 없을 정도의 가혹한 처벌을 내렸는데 그것은 끔찍하게도 코를 베어버리는 것이었다. 코를 베인 얼굴은 어디를 가나 눈에 띄었다. 외출하면 손가락질 받지 않을까, 돌팔매질 당하지 않을까, 불이익을 당하지 않을까 항상 이런 걱정을 했을 것이다. 그런데 얼굴에 처참한 상처를 간직한 채 고통받던 여성에게 놀라운 희소식이 들린다. '수스트라'라는 의사가 돈만 내면 코를 만들어주겠다는 제안을 한 것이다. 고통 속에 걱정을 안고 숨어 살던 사람들에게 얼마나 기쁜 소식이었겠는가. 기꺼이 거금을 내고 수술을 통해 코를 다시 만들었다. 게다가 당시에는 마취 기술도 발달하지 않았다. 극심한 통증을 참으면서 수술을 감행할 정도로 그들은 절박했다.

그 후 성형수술은 로마제국에서 최고의 황금기를 맞이한다. 강인한 몸과 용맹스런 전투력을 가진 검투사, 글래디에이터들의 격투는 인기 경기였다. 그런데 로마의 검투사들에게는 시합 중 등을 보이며 도망가다 등에 당한 상처는 평생 씻을 수 없는 치욕이었다. 등의 흉터로 세간의 멸시라는 치욕을 걱정한 검투사들 역시 등의 흉터를 지우는 성형을 했다고 한다.

역사를 바꾼 피임약

피임약 역시 걱정이 만들어낸 발명품 중 하나다. 1차 대전이 끝나고 1929년 대공황이 시작되자 대부분 나라의 경제는 나락에 빠졌다. 대중은 빈곤에 대한 공포를 느꼈고 출산율은 곤두박질쳤다. 굶어 죽을까 걱정된 여성들이 임신을 피한 결과다. 특히 전쟁과 경제난으로 사회적 약자인 여성과 아이들이 큰 고통을 받았는데 여성은 대가족 안에 살면서 임신을 하더라도 가사 노동까지 도맡아 했으니 임신하는 자체도 큰 걱정이었다. 그 후 1950년대에 들어서면서 늘어나는 복지비 지출과 인구과잉 문제가 피임에 대한 필요성을 점점 높여갔다. 결국 1956년 최초의 먹는 피임약 '에노비스10'이 탄생한다. 이로써 여성은 유산과 낙태 그리고 요절의 걱정에서 어느 정도 해방될 수 있었다. 더구나 기혼녀뿐만 아니라 미혼녀도 피임약을 구매할 수 있게 되면서 임신한 미혼여성에 대한 따가운 사회적 시선의 걱정마저 없애줬다.

더 나아가 1965년 미국 법원이 피임을 인정하면서 여성은 피임권을 법적으로 보장받게 됐다. 이는 여성의 사회진출 확대로 이어져 1960년대 프리섹스, 히피 문화, 반전운동의 등장에 영향을 미쳤다. 〈포춘〉과 〈AFP통신〉에서 원자폭탄과 우주왕복선 등을 제치고 '20세기 최고의 발명품' 1위로 선정되기도 했을 만큼 인류의 역사를 뒤바꾼 것이 바로 피임약이다.

걱정이 발달시킨 무기 기술

　무기의 발달사에도 걱정이 한몫했다. 초기 인류에게 맹수는 대표적 걱정의 대상이었다. 언제 공격을 당할지 몰라 항상 걱정과 긴장에 휩싸여 있었다. 낯선 부족도 걱정의 대상이었다. 더 많은 식량을 차지하기 위해 그들과 목숨을 건 전쟁을 치러야 했다. 포식자나 낯선 부족으로부터 공격 당할 걱정을 덜기 위해 무엇이 필요했을까? 자신을 안전하게 지켜줄 '거리'가 필요했다. 가까운 거리가 아닌 멀리 떨어진 거리에서 상대를 발견하고 제압할 수 있어야 했다. 그래서 돌멩이로 돌도끼와 돌창을 만들었고, 점점 더 멀리 떨어진 곳에서 상대를 제압하기 위해 활과 화살을 만들었다. 급기야 인류는 총을 만들고 대포를 만들었다. 지금은 몇천 킬로미터 떨어진 곳에서 최첨단 무인 전투기와 드론으로 상대를 공격한다. 위협의 대상을 통제해 신체적 피해에 대한 걱정을 피하기 위한 노력이 새로운 무기의 개발로 이어져왔다.

　이처럼 걱정은 인류가 생존하도록 도와줬을 뿐 아니라, 새로운 문화와 수많은 상품을 창조하는 강력한 원동력이 되었다. 오늘날의 기업들도 소비자의 걱정을 해결함으로써 거대한 부를 쌓고 있다. 마스크와 백신 그리고 치료제야말로 코로나19 전염병이 만든 최대 히트 상품 아닌가. 그러나 과도하고 잘못된 걱정은 오히려 개인과 조직 그리고 사회까지 파괴적인 상황으로 내몰 수 있다.

오버싱킹, 파괴적 걱정의 시작 ────

●

　불확실성을 싫어하는 성향일수록 잘못된 걱정을 하기 쉽다. 정보 인지 및 추론 능력이 떨어져 걱정의 특징인 머릿속 시뮬레이션 과정이 뒤틀리고 왜곡될 수 있어서다. 걱정할 필요가 없는 상황이나 사소한 일까지 부정적인 생각에 사로잡혀 헤어나오지 못하는 때를 두고 미시간대학교 심리학과 수장 놀렌 혹스마(Susan Nolen-Hoeksema) 교수는 '오버싱킹(Over Thinking)'이라 불렀다. 우리말로는 '과잉사고' 정도로 해석한다.

　오버싱킹의 특징은 일어나지 않은 일에 대한 걱정, 이미 내뱉은 말에 대한 후회, 다른 사람에 대한 근거 없는 의심, 지나가면서 던진 동료의 한마디에 하루 종일 추측하는 등 자질구레한 모든 것을 들춰내 걱정한다. '만약 이러면 어쩌지?'와 같은 질문을 끊임없이 던지며 초조해한다. 오버싱킹은 쳇바퀴 속에 다람쥐처럼 걱정 안에 갇혀 계속 생각을 맴돌게 해 감정 에너지를 낭비한다. 지나간 일에 대해 '만약 ~하지 않았다면, ~했을 텐데' 따위의 후회에 시간을 소비하면서 정작 꼭 해야 할 걱정은 하지 않는다. 오버싱킹은 잘못된 걱정의 시작이다.

　오버싱킹이 심하면 중요한 상황에서 생각이 마비될 수도 있다. 중요한 사내 프로젝트 설명회에서 발표자가 발표 도중 얼굴이 새하얗게 질리면서 10여 분간 말문을 잇지 못한 채 우두커니 서 있던 상황을 본 적이 있다. 분위기가 어떠했을까? 부서장은 화가 나 자리를 박차고 나갔고 그 직원은 그 일 이후 다른 부서로 자리를 옮겼다. 아마도 발표 직전까지 그는 끊임없는 오버싱킹을 했을 것이다.

'발표하다 말을 더듬으면 어떻게 하지?', '자료가 부실하다 지적하면 어떻게 하지?', '발표자료 디자인이 촌스럽다고 지적하면 어떻게 하지?', '모르는 질문을 받으면 어떻게 하지?', '발표를 잘못해 팀장이 화를 내면 어떻게 하지?' 등등 통제할 수 없는 상황을 지나치게 걱정한 탓에 극도의 긴장감으로 생각이 일시 정지된 것이다.

만일 리더가 회사의 사활이 걸린 회의나 발표 전 오버싱킹을 하게 되면 어떻게 될까? 상황과 경우에 따라 오버싱킹은 개인의 피해로만 끝나지 않는다. 자칫 주변과 조직 전반에까지 커다란 피해를 줄 수 있다.

이제 개인의 예를 통해 오버싱킹의 심각성을 살펴보자.

얼굴 없는 검사

2020년 2월 12일, 청와대 국민청원 게시판에 '내 아들을 죽인 얼굴 없는 검사 김민수를 잡을 수 있을까요'라는 제목의 게시글이 올라왔다.

검사를 사칭한 전형적인 보이스피싱 수법에 걸린 취업준비생 아들은 420만 원을 전달하고도 불안에 떨다가 자살하고 말았다. 평소 성품이 바르고 배려심이 깊었던 아들은 행여 담당 검사(?)의 수사에 누가 될까 봐 '선생님'이라 부르면서 적극적으로 수사에 협조했다고 한다. 잠시 내용을 살펴보자.

담당검사는 아들의 전화가 끊길 세라 배터리 용량까지 체크해가며 "지금 배터리가 몇 퍼센트 남으셨지요?", "그럼 이제 충전기를 꽂으세요!"라고 정신없이 몰아붙였으며, "제 말을 똑바로 들으세요!", "동현 님이 제대로 협조하지 않으면 불이익을 당할 겁니다." 하며 무섭게 다그쳤습니다. 하지만 핸드폰을 옮기는 상황에서 순간의 실수로 통화가 끊겨 버렸습니다. 아들은 본인 의지와 달리 끊긴 전화를 어찌할 줄 몰라 당황스럽게 여겼고, 다시금 수차례의 통화를 시도하였으나 연결이 되지 않았습니다. 10시간이 넘는 시간 동안 시달리며 이미 혼을 빼앗긴 듯 통신 노예가 되어 버린 아들은 본인에게 다가올 처벌(징역 2년, 3,000만 원 이하의 벌금, 공개지명수배)을 기다리는 동안 불안과 초조에 떨며, 스스로를 질책하고 고독과 우울함으로 시간을 보냈습니다. 검사님의 말씀이 두려워 그 어떤 친구나 친지, 부모에게도 논하여 보지도 못하였습니다. 결국 사건이 벌어진 지 3일 만에 옥상으로 올라가 가슴 아픈 결단을 하게 된 것입니다.

아버지의 글에서 아들이 얼마나 초조하고 불안해하며 공포감에 사로잡혀 있는지 느껴진다. 아들을 가장 크게 공황상태로 빠뜨린 것은 바로 본인에게 다가올 징역 2년, 3,000만 원 이하의 벌금과 공개지명수배라는 처벌에 대한 두려움과 걱정이었다. '내가 공개수배 당하면 어떻게 하지? 부모님이 얼마나 힘들어하실까? 주변 사람들이 나를 어떻게 볼까? 학교는 어떻게 다닐까? 취직은 할 수 있을까? 결혼은 할 수 있을까? 내 인생은 이제 완전히 끝나버린 것 아닌가?' 이런 생각들이 꼬리를 물고 쉴새 없이 그를 괴롭혔을 것이다. 자신이 통제할 수 없는 상황까지 모두 걱정하며 잠조차 잘 수 없었을 것이다. 이런 물밀듯 밀려오는 걱정의 파도가 그를 극단적 선택으로 몰아간 것은 아닐까.

2021년 4월 '취준생을 죽음에 몬 그 놈'은 경찰에 잡혔지만 사랑하는 아들이 어느 날 황망하게 스스로 목숨을 끊었다는 사실은 돌이킬 수 없다. 부모의 마음은 얼마나 찢어졌을까.

성적표 조작

어릴 때 학교 성적이 형편없이 나올 때 제일 걱정되는 것 중 하나는 부모님의 꾸중일 것이다. 나 역시 부모님께 야단맞기 싫어 억지로 공부했던 기억도 떠오른다. 행여 성적이 떨어지면 집에 들어가기 싫어 동네를 몇 바퀴씩 돌다 들어갔던 기억도 난다. 그래서일까? 누구나 한 번쯤은 '성적표를 고쳐 볼까?'라는 발칙한 상상을 했을 것이다. 그런데 이를 넘어 성적 때문에 부모를 해치려고 했던 15세 중학생도 있었다. 평소 학교 성적과 관련해 심리적 압박을 크게 받아오던 중학생이 있었는데, 중간고사를 치른 후 성적이 형편없이 나오자 어머니에게 거짓으로 성적을 말했던 듯하다. 그런데 그 거짓말이 탄로날 것을 걱정해 어머니의 복부를 흉기로 2차례 찔렀다. 다행히 비명을 듣고 달려온 아버지 때문에 어머니의 목숨은 구했지만, 거짓말이 탄로날까 두려워 아들이 벌인 이 사건은 자못 충격적이다.

그 중학생의 머릿속에 잠깐 들어가보자. 그 학생은 거짓말이 들키면 자신에게 돌아올 꾸중과 체벌이 죽을 만큼 끔찍할 것이라 걱정했을 것이다. 선생님의 꾸중도 두려웠을 것이다. 성적표 거짓말이 들통나 학교 친구들에게 비웃음거리가 되는 상황도 걱정했을 것이다. 어쩌면 왕따가 되어 홀로 소외되는 걱정까지 했을 것이다. 이런 오버싱킹은 모두 자신이 통제할 수 없는 일에 관한 지나친 걱정에서 나온다. 초등학교 때부터 엄마로부터 학업에 대해 많은 압박을 받아오면서 두려움, 불안, 우울증까지 앓아온 그는 이 사건 직전에 부모에게 자살까지 암시했다. 재판부는 2020년 12월 1일 극도의 심신미약을 이유로 15세 중학생에게 집행유예를 선고했다.

친구도 사귀지 마!

KBS의 〈대국민 토크쇼 안녕하세요〉라는 프로그램이 있었다. 특정 고민이나 걱정거리를 가진 일반인들이 출연해 패널들과 함께 해결책을 강구하는 형식이었는데, 지금도 잊히지 않는 장면이 있다. 어떤 학생이 출연해 털어놓은 고민은 어머니에 관한 것이었다. 어머니는 운명철학원에 자주 다니셨는데 자식에 관해서 만큼은 운명철학원의 말을 너무 맹신한다는 것이다. 옷장 전신 거울이 사람의 기

(氣)를 빨아들인다는 말을 듣고 집안의 옷장 거울을 모두 없애버렸다. 또 잠잘 때 북쪽을 제외한 모든 방향이 좋지 않다는 말을 듣고는 잠자던 딸을 깨웠지만 일어나지 않자 머리채를 쥐어 잡고 북쪽으로 머리를 돌렸다고 한다. 서쪽이 좋다는 말에 서쪽에 있는 학교로 아들을 강제 전학을 시키는가 하면, 심지어 특정 성(性)을 가진 친구들과 가까이 지내지 말라는 말에 김 씨, 박 씨, 최 씨 '성'을 가진 친구들과는 아예 만나지도 못하게 했다. 통제할 수 없는 일을 억지로 통제하겠다고 나서면 이런 어처구니없는 행동과 결과를 낳는다. 자식 사랑하지 않는 부모가 어디 있을까? 어머니 입장에서야 행여 자식이 잘못되기라도 할까 걱정하는 마음에 한 행동이라 볼 수 있지만, 오버씽킹에 따른 과잉 걱정은 폭력성을 띠기도 하고 가족은 물론 주변 사람들에게까지 정신적·육체적 피해를 줄 수 있다.

—— 산불처럼 쉽게 커지는 걱정

●

해마다 산불 때문에 크고 작은 인명 및 재산피해가 발생한다. 지난 10년간 국내에서는 연평균 395건의 크고 작은 산불이 발생하고 466ha의 산림이 소실됐다. 매년 여의도 면적의 5배가 넘는 산림이 파괴된다고 하니 환경 피해도 막심하다. 최근에는 산불이 점점 대형화되고 있다. 산불은 주로 3~4월 사이에 많이 발생하는데 습도가 매우 낮은 건조한 날씨가 이어지면 작은 불씨에도 쉽게 산불이 난다. 불이 나면 대기가 가벼워지면서 불씨가 솟아오르고 솟았다 떨어진 불씨는 다시 불길을 일으키며 사방으로 번져나간다. 불이 쉽게 번져나가는 이유는 바람을 타고 날아가는 불씨, 바로 비화(飛火) 때문이다.

경제적 피해와 생태적 피해도 막심하다. 송이는 소나무의 살아있는 뿌리에서 자라난다. 그런데 산불이 발생하면 지표면의 뜨거운 온도로 모든 송이균이 죽는다. 송이 산지 소실로 농가 소득원이 급감한다. 산불은 토양미생물에도 큰 영향을 미친다. 토양 안에 있는 유기물들이 산불로 인해 소실되고 타 죽으면 자연의 힘으로 회복되는 데도 무려 20년 이상이 걸린다. 조그마한 불씨 하나(원인)가 낮은 습도와 강한 바람(조건)과 만나 대형 산불을 일으키며 생태계에 큰 피해를 주는 것이다.

걱정도 마찬가지다. 작은 걱정이 왜곡된 미디어와 만나면 감당할 수 없는 대형 걱정을 불러와 사회 전체에 혼란을 가져올 수 있다.

걱정의 전염성

잘못된 걱정은 전염력도 강하다. 2004년 '쓰레기 만두' 사건이 있다. 경찰은 한 업체가 쓰레기처럼 변한 재료로 만든 만두소를 5년 동안 대부분의 유명 만두 제조업체에 저가로 납품했다고 발표했다. TV와 신문은 연일 수사기관의 발표를 톱뉴스로 실어 날랐고, TV에서는 쓰레기통에 너저분하게 버려져 있는 만두용 무말랭이가 쌓여 있는 장면을 내보냈다. 국민은 평소 즐겨 먹던 만두가 쓰레기 같은 비위생적 재료로 만들었다는 발표에 경악했다. '내가 즐겨 먹던 만두가 쓰레기 재료로 채워졌다니', '저 만두 먹고 쓰러져 병원 가면 어떻게 하지?', '어제 아들에게 만두를 사줬는데 탈 나면 어떻게 하지?' 등등 수많은 걱정이 쏟아져 나왔다. 그리고 소비자는 만두를 일절 소비하지 않는 방법을 선택했다.

만두 가게는 일 매출의 90퍼센트가 급감했고, 130여 군데의 만두 제조사들이 파산 위기에 처했다. 단무지 공장의 매출도 70퍼센트 이상 감소했고, 언론에서 지목된 연 매출 18억 원의 한 만두 제조업체 사장은 결백을 주장하는 유서를 남기고 반포대교에서 투신 자살하는 비극적 사태까지 발생했다. 이 사건은 이웃 나라 일본까지 퍼져 일본정부는 사건의 자초지종이 밝혀지기도 전에 한국산 만두 수입을 전면 금지했다. 하지만, 사건 1개월 후 식약청에서 발표한 조사결과는 기존 경찰과 언론의 발표 내용과는 전혀 달랐다. 납품된 불량 만두소는 전체 업계의 2~3퍼센트에 불과했고 25개 만두 제조회사는 대부분 무혐의 처분을 받았다. 문제가 되었던 만두는 실제 조사결과 '쓰레기로 버려지는 무의 자투리가 속으로 이용된 만두'였다. 각종 미디어는 이를 '쓰레기 만두'라는 자극적인 단어로 보도했고, 건강을 해칠 것이라는 걱정으로 소비자가 만두 소비를 즉각 중단하자 수많은 만두 업체와 관련 식품 종사자는 직장을 잃고 거리에 내

몰렸다. 잘못된 보도가 만든 잘못된 걱정은 미디어의 네트워크 바다를 타고 순식간에 사람들을 전염시키며 시장을 쑥대밭으로 만든다.

딥워터 호라이존호의 폭발 ──

●

기업 임직원이 오버싱킹에 빠질 때는 회사에 큰 타격을 가져온다. 2010년 4월 20일, 미국 루이지애나주 멕시코 만에 있는 연 매출 246조 원의 영국 최대 기업이자 세계 2위 석유회사인 BP(British Petroleum)가 치명적인 위기에 처했다. BP의 시추선인 딥워터 호라이존호의 석유 시추 시설이 거대한 굉음과 함께 폭발하면서 가라앉은 것이다. 이 사고로 미국 역사상 최악의 대규모 원유 유출이 시작됐는데, 1분에 석유 43배럴이 흘러나오면서 무려 6만 8,000제곱미터의 해양을 오염시켰다. 가스가 유정에 새어들어 폭발이 일어났고, 5,500미터 떨어져 있는 해상 시추선에 불이 붙어 원유분출방지장치(BOP)를 작동시키려 했지만 작동하지 않았다. 당시 전문가들은 이 사고로 유출된 원유량이 3만 5,000~6만 배럴로 추정했다. 이 사고로 BP는 천문학적인 손실을 기록했다. 자체 손실이 400억 달러가 넘었고, 미국 멕시코만 주변의 5개 주, 400개 지방정부는 18년에 걸쳐 187억 달러의 배상금을 청구했다. BP는 그 후 500억 달러의 자산을 매각했지만, 주가는 폭락했다가 7년 가까이 예전 수준을 회복하지 못했다.

왜 이런 일이 발생했을까? 여러 가지 원인이 있지만, 당시 조사에 따르면 이 최악의 대규모 원유 유출 사고의 주요 원인은 직원들이 사고 이전부터 이상 징후를 발견하고 이를 해결하기 위한 아이디어와 제안을 회사 측에 제시했음에도 불구하고 상부에서 이를 무시한 의사 결정에 있었다. 경영진은 의견을 제시하는 직원들을 '말썽꾼(trouble maker)'으로 낙인 찍었고, 심지어 해고하기도 했다. 경영진이 오버싱킹에 빠진 탓이다.

'문제를 해결하려다 매출 목표 달성에 실패하면 어쩌지?', '주주들로부터 질책을 받으면 어떻게 하나?', '내 자리가 위태로워지는 것은 아닐까?' 하는 걱정 말이다. 문제를 제기해도 경영진이 받아들이지 않자 직원들 역시 입을 닫았다. '괜히 긁어 부스럼 만드는 건 아닐까?', '행여 내가 해고당하지 않을까?', '해고되면 내 가족은 어떻게 될까?' 등등 수많은 생각을 떠올리며 걱정했을 것이다. 경영진은 오로지 재무적 성과에만 치중해 '자리보존 걱정'을 덮으려 했고, 승무원들은 침묵을 지키는 것으로 '해고 걱정'을 덮으려 했다. 이 쌍방의 걱정은 미국 역사상 최악의 기름 유출 사고로 이어졌다. 결국, BP는 재무적 목표도 달성하지 못했고, 브랜드 가치까지 추락했다. 만약 BP 경영진이 사고 발생 전 직원들의 말에 세심히 귀 기울였다면 이 같은 최악의 사태는 막을 수 있었다.

직원이 걱정해주는 회사

우리 사회의 기업 환경이 많이 유연해지고 있지만, 아직도 '꼰대 문화'로 대변되는 경직된 문화가 사라지지 않는 조직이 많다. 이런 조직은 상사와 직원들 사이의 소통이 원활하지 않다. 그래서 직원들이 선택하는 것은 '의도적 침묵'이다. 기업현장에서 시급히 개선해야 할 상황에 직원들이 의도적으로 침묵할 경우 기업의 수명은 점점 짧아진다. 점점 빠르고 다양하게 변하는 시장 환경에서 기업은 더는 뛰어난 CEO 한 사람의 통찰에만 의지할 수 없다. 변화에 효과적이고 빠른 대응을 하려면 현장 직원의 목소리가 무엇보다 중요하다. 직접 고객과 대면하는 직원들이 변화에 가장 민감하기 때문이다.

일반 직원들이 문제가 생겼을 경우 눈치 보지 않고 과감히 자신의 이견(異見)을 제시할 수 있는 환경을 만들어야 한다. 이런 직원의 행위를 '발언 행동(voice behavior)'이라 부른다. '발언 행동'은 '직원이 불쾌한 상황에서 벗어나려 하기보다 변화를 만들기 위해 상사나 그룹 매니저에게 이견을 제기하는 시도'다. 직원의 '발언 행동'이 마음껏 쏟아져 나오도록 분위기를 조성하는 것이 경영진이 해야 할 일이다.

오버싱킹 테스트 ──

●

일반인뿐만이 아니라 전문가들도 오버싱킹에 빠지는 경우가 종종 있다. 다만 그 늪에서 빨리 빠져나올 뿐이다. 〈Inc. 매거진〉은 자신이 오버싱킹을 하고 있음을 알 수 있는 신호를 아래와 같이 표시했다. 10개 중 몇 개나 자신에게 해당하는지 세어보자.

① 나는 내 머릿속에서 부끄러운 순간을 반복해서 회상한다.

② 마치 뇌가 꺼지지 않는 듯 잠을 자는 데 어려움을 겪는다.

③ 나는 스스로에게 '만약 ～하면, 어떻게 하지?'라는 질문을 많이 던진다.

④ 나는 사람들이 하는 말이나 일어나는 사건에 숨겨진 의미를 생각하는 데 많은 시간을 보낸다.

⑤ 나는 사람들과 나눈 대화를 다시 상기해보고 내가 했어야 했는데 못했거나, 하지 말았어야 했는데 했던 모든 것에 대해 생각한다.

⑥ 나는 끊임없이 내가 저지른 실수를 만회하려 한다.

⑦ 누군가 내가 싫어하는 말이나 행동을 하면 그것이 계속 머릿속에서 맴돈다.

⑧ 나는 과거의 일에 집착하거나 미래에 일어날 일에 대한 걱정 때문에 종종 내 주변에서 무슨 일이 일어나는지 알아채지 못하는 때가 있다.

⑨ 나는 내가 통제할 수 없는 일을 걱정하는데 많은 시간을 쓴다.

⑩ 나는 걱정을 떨쳐버릴 수가 없다.

해당 신호가 많을수록 그리고 그 신호가 오랜 기간 지속할수록 당신은 오버싱커(overthinker)일 가능성이 크다. 다만, 오버싱킹 신호가 5개 이하라면 일상에서 큰 문제가 되지는 않는다. 누구나 일정 수준의 오버싱킹은 하기 때문이다. 8개 이상 해당할 경우 조심해야 한다. 예상치 못한 큰 위협에 직면할 경우 걱정이 여러분을 삼켜버릴 수도 있다.

불확실성을 견디는 힘 ──

●

불안감에 휩싸이면 누구든 오버싱킹에 빠지기 쉽다. 하지만 어떤 사람은 오버싱킹에서 곧바로 탈출하는 반면 어떤 사람은 오버싱킹 늪에서 헤어나오지 못한다. 그 이유가 무엇일까? 바로 불확실성을 견뎌내는 힘이 사람마다 다른 탓이다.

심리학에서는 걱정에 영향을 미치는 강력한 예측 요인으로 '불확실성에 대한 인내력 부족(IU, Intolerance of Uncertainty)'을 꼽는다. 많은 연구 결과에 따르면, 불확실성 인내력이 부족한 사람일수록 부정적인 사건이 일어날 수 있다는 사실을 받아들이지 못한다. 자기 통제 밖의 부정적 사건은 절대 발생해서는 안 된다고 생각해서다. 또 계획한 일이 조금만 어긋나도 많은 스트레스를 받는다. 부정적 사건이 실제 일어날 가능성이 작음에도 불구하고 다가올 위협과 발생 가능성을 과대평가하고 그 결과에 집착하기도 한다. 그 결과 '만약 ~하면 어떻게 하지?(what if~)'와 같은 걱정을 많이 하게 된다.

만일 리더가 '불확실성에 대한 인내력 부족(IU)' 성향이 매우 높다면, 지독한 완벽주의자이자 끊임없이 걱정을 달고 살아가는 사람이 된다. 온갖 부정적 결과를 완벽하게 방지하기 위해 수많은 정보와 근거를 직접 수집하거나 반복해서 요구할 것이다. 그는 또 자신이 불확실해 보이는 것 자체가 직원들에게 우유부단하다는 나쁜 인상을 줄 것으로 생각한다. 그래서 불확실성을 스트레스를 유발하는 가장 큰 원인이며 심각한 장애물로 여긴다. IU 성향이 높을수록 오버싱킹을 할 가능성이 커진다.

하지만 IU가 높다고 모두가 오버싱킹을 하는 것은 아니다. IU가 높은 편이지만 오버싱킹에 해당하는 신호를 5개 이하로 가진 사람도 많다. 사실 이들이 건강한 걱정을 할 가능성이 가장 큰 사람들이다. 따라서 불확실성 인내력이 약하다고 실망할 필요도 없고 강하다고 우쭐할 이유도 없다. 인내력이 약할수록 상황을 비관적으로 보기에 오히려 집요하게 많은 정보를 근거로 예측을 통해 위험을 피하려고 한다. 그래서 불안을 이기는 전략으로 걱정을 사용하는 리더는 비관주의적 성향이 강하다. 불확실성 인내력이 강할수록 상황을 낙관하기에 기존 습관과 관성대로 일을 처리하다 변화에 적응하지 못해 나락에 빠질 수 있다.

이제 여러분의 IU를 테스트해보자. 그리고 오버싱킹이 몇 개인지 함께 보자. IU가 60점 이상이고, 오버싱킹이 5개 이하라면, 여러분은 효율적이고 건강한 걱정을 할 수 있는 잠재력을 가진 존재다.

불확실성에 대한 인내력 부족(IU) 테스트

다음 질문은 '불확실성을 대하는 태도'다. '전혀 아니다'는 1점, '대체로 아니다'는 2점, '대체로 그렇다'는 3점, '매우 그렇다'는 4점을 매긴다.[11]

1. 나는 무슨 일이든 사전에 계획을 세워서 해야 한다. ___점

2. 당황하지 않으려면, 항상 앞일을 생각해야 한다. ___점

3. 조금만 의심스러워도 행동을 계속할 수 없다. ___점

4. 당황하는 경우에 참아낼 수 없다. ___점

5. 예측하지 않은 일이 발생하면 매우 당황한다. ___점

6. 앞으로 어떤 일이 닥칠지 알고 싶다. ___점

7. 최고의 계획을 세우더라도 예측하지 못한 사소한 일이 모든 것을 망칠 수 있다. ___점

8. 불확실한 미래는 참을 수 없다. ___점

9. 필요한 모든 정보를 갖고 있지 않으면 좌절한다. ___점

10. 나는 모든 모호한 상황을 피하고 싶다. ___점

11. 불확실하다는 것은 그 사람이 체계적이지 않다는 것을 의미한다. ___점

12. 불확실하다는 것은 내가 뛰어난 사람이 아니라는 것을 의미한다. ___점

13. 모호한 상황에 있게 되면 일을 진행할 수 없다. ___점

14. 불확실하면 충만한 삶을 살 수 없다. ___점

15. 모호하면 일을 잘 할 수 없다. ___점

16. 불확실하다는 것은 삶을 참을 수 없게 만든다.   ＿ 점

17. 불확실하다는 것은 내게 자신감이 부족하다는 것을 의미한다.   ＿ 점

18. 나와는 달리 다른 사람은 자신의 삶이 어디로 가고 있

    는 것 같다.   ＿ 점

19. 삶에서 보장된 것이 없다는 것은 불안하다.   ＿ 점

20. 불확실한 삶은 내게 스트레스를 준다.   ＿ 점

21. 내일 어떤 일이 발생할지 모르면 마음이 불편하다.   ＿ 점

22. 불확실한 것이 나를 불편하고, 불안하고, 스트레스 받게 한다.   ＿ 점

23. 명확하지 않은 일이 있으면 잠들기 어렵다.   ＿ 점

24. 행동에 옮겨야 할 시점에 분명치 않은 일이 있으면, 나는 아무것도

    할 수 없다.   ＿ 점

25. 상황이 모호하면 확고한 견해를 가질 수 없다.   ＿ 점

위 설문은 내가 불확실성을 얼마나 견뎌낼 수 있는가를 측정하는 것으로 점수가 높을수록 불확실성을 싫어하고 회피하는 성향이 강함을 뜻한다.

60점 이상이면 불확실성을 대체로 싫어하고 80점 이상은 불확실성을 매우 싫어하는 성향이며 100점에 가까울수록 불확실성을 극단적으로 싫어하는 성향이다. 60점 이상인 이들은 세상에 대한 기대치가 낮고 비관적인 시선으로 세상을 바라보는 성향이 높다. 상당수 사람이 60~80점 사이로 대체로 불확실성을 싫어한다. 반대로 점수

가 낮을수록 불확실성을 잘 받아들이며 회피하지 않는다. 40점 이상 60점 미만이면 불확실성에 상당히 둔감한 편이며, 40점 미만이면 극도로 불확실성에 둔감하다고 볼 수 있다. 60점 미만이면, 세상에 대한 기대치가 높고 낙관주의적 시선으로 세상을 바라보는 성향이다. 50점 안팎의 중간 점수가 나오면 마음을 내려놓은 사람에 해당할 수도 있다.

나의 걱정 스타일 ──

●

이제 '불확실성에 대한 인내력 부족(IU)'과 '오버씽킹'이라는 두 가지를 가지고 현재 여러분이 하는 걱정의 유형을 알아보자.

만약 여러분의 불확실성에 대한 인내력 부족(IU) 점수는 낮지만, 오버씽킹 점수는 높다면 ④번 '회피적 걱정' 유형이다. 불확실성을 견디는 힘은 강하지만 자질구레한 걱정을 많이 하는 스타일을 의미한다. 따라서 걱정거리를 회피 또는 방치하는 경우가 많다. 매사에 낙관적이지만, 우유부단한 면이 있고, 걱정을 에너지로 활용해 성장을 하기는 어려운 유형이다. 갑작스럽고 강한 외부 변화나 충격에 노출될 경우 ①번 '파괴적 걱정'으로 빠질 수도 있다.

불확실성에 대한 인내력 부족(IU) 점수도 낮고, 오버씽킹 점수도 낮다면 ③번의 '습관적 걱정'을 하는 유형이다. 불확실성을 견디는

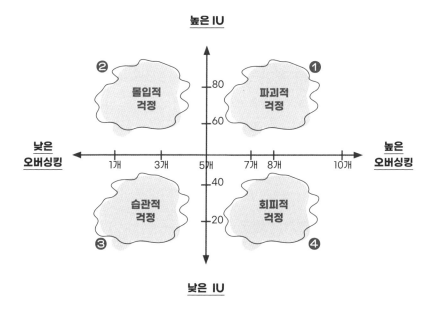

그림 2 : 4가지 걱정 유형

높은 IU

❷ 몰입적 걱정

❶ 파괴적 걱정

낮은 오버싱킹

높은 오버싱킹

❸ 습관적 걱정

❹ 회피적 걱정

낮은 IU

힘도 강할뿐더러 오버싱킹도 하지 않는다면 매번 새로운 걱정보다는 기존에 해오던 걱정만 습관적으로 할 가능성이 크다. 규칙적이고 변하지 않는 정형적인 업무에 일하는 사람들에게서 많이 나타나는 유형이다.

IU 점수는 높은데 오버싱킹 점수가 낮다면 ②번 '몰입적 걱정'을 하는 유형이다. 외부의 위협을 두려워하고 통제하려 하지만, 통제할 수 없는 자질구레한 걱정은 하지 않기에 해당 걱정에 효과적이고 효율적으로 몰입한다. 네 가지 걱정 유형 중 가장 경제적이고 바람직한 걱정 스타일이다.

IU 점수도 높은데 오버싱킹 점수까지 높다면 ①번 '파괴적 걱정' 유형이다. 가장 조심해야 할 걱정 스타일이다. 외부 위협을 두려워할 뿐 아니라 통제할 수 없는 자질구레한 걱정까지 끊임없이 하기 때문에 극단적인 경우, 자신과 주변을 파괴할 수도 있는 병적인 걱정으로까지 발전할 수 있다.

재택근무가 가져온 새로운 걱정 ——

●

코로나19 팬데믹으로 인해 상황에 따라 재택근무를 시행하고 있는 기업이 많다. 직원들은 재택근무를 하면서 좀 더 여유롭게 시간을 활용할 수 있으리라 기대했겠지만, 관리자들은 그렇지 않은 모양이다. 재택근무가 소통을 줄이고 업무 효율을 떨어뜨린다는 생각에 수시로 화상회의 일정을 잡는다. 심지어 한 디지털 헬스케어 기업에서는 하루에 15차례나 화상회의를 진행하고 매시간 보고서를 제출하게 해서 문제가 됐다. '출근을 안 하는 게 더 피곤하다'라는 하소연도 나온다.

미국 클라우드 업체 오라클(Oracle)이 인사(HR) 컨설팅 회사 워크플레이스 인텔리전스와 함께 11개국 직장인 1만 2,000여 명을 대상으로 설문조사를 한 결과, 재택근무가 보편화된 뒤 응답자 35퍼센트는 "이전보다 매달 40시간 넘게 더 일한다"고 답했고 25퍼센트는 아예 "과로에 시달린다"고 했다. 같은 설문에 참여한 한국 직장인(1,000여 명)은 재택근무 선호도(40퍼센트)가 11개국 평균(62퍼센트)보다 유난히 더 낮았다고 한다. 왜 재택근무를 실행하면서 직원들은 더 많은 일을 하고 스트레스를 받는 것일까?

코로나19 위기는 모든 기업에 비상사태다. 계속 떨어지는 매출을 바라보는 경영자는 두려움과 불안감에 휩싸인다. 그때부터 불확실성을 잘 견뎌내지 못하는 경영자일수록 불안감은 더욱 커져 미래에 대해 오버싱킹을 시작한다. '이러다 회사가 망하는 것은 아닐까?', '우리 부서 자체가 사라지는 것은 아닐까?', '지금까지 쌓아 올린 내 경력이 하루아침에 무너지는 것은 아닐까?' 등등 스스로 통제할 수 없는 걱정들이 폭풍처럼 몰려든다. 그 결과, 사소한 사건도 위협적으로 평가하고 점점 더 자신에게 치명적인 결과를 가져다줄 것으로 확대 해석한다. 설령 부정적인 결과가 나타나지 않았더라도 언젠가 나타날 것이라는 생각이 계속 누적되면서 걱정이 만성화된다. 이 때문에 불필요한 회의가 늘어나고 직원의 일거수일투족을 감시하며 달달 볶는 날이 많아진다. 이런 리더를 직원들이 달가워할까. 직원들의 사기는 점점 땅바닥으로 떨어지고 상사에 대한 불신과 불만은 가득 찬다. 리더도 직원을 못 믿고, 직원도 리더를 못 믿는 '쌍방향 불신조직'이 되는 순간이다.

불안함이 확증편향을 낳는다 ——

●

'불확실성에 대한 인내력'이 약하다고 모두 위험을 확대 해석하지는 않는다. 앞에서 살펴봤듯이 불확실성에 대한 인내력은 낮지만, 오버싱킹에 빠지지 않는 사람이라면 문제해결을 위한 '몰입적 걱정'을 할 가능성이 크다. 하지만 갑작스러운 위협에 큰 위기의식을 느낀다면 논리 정연하며 비판적 시각을 가진 사람조차 오버싱킹에 빠지며 극도로 시선이 좁아진다.

조직을 이끄는 리더라면 단편적인 정보와 불투명한 상황을 한쪽 방향으로만 해석하는 일을 경계해야 한다. 이른바 '확증편향(confirmation bias)'에 빠지면 안 된다. 확증편향은 인지심리학 용어로 '잘못된 정보라 하더라도 계속해서 자신의 신념에 일치하는 정보만을 탐색하고 확인하고자 하는 경향'이다. 자신의 믿음과 일치하는 정보만 선별적으로 취해 의미를 왜곡하고 자신의 믿음 체계에 끼워 맞추는 식이다. 사실이길 원해서 그렇게 믿는 것이다.

확증편향은 누구에게나 있는 심리이지만, 특히 불안감이 높을수록 확증편향도 심해진다. 그 결과 자신의 믿음에서 벗어나는 현상에 대해 강하게 거부하고 혐오감과 적대감까지 보이는 때도 있다. 확증편향은 '생각의 편식'이자 '부실공사된 믿음'이다. 불안을 억누르기 위한 정신 작용이다. 선과 악, 진보와 보수 등 이분법적 사고가 강한 일부 종교인과 정치인이 확증편향에 쉽게 사로잡힌다.

●

확증편향은 기업의 리더에게도 자주 볼 수 있다. 매번 잘해왔어도 단 한 번의 잘못된 의사 결정으로 하루아침에 기업이 망가질 수 있기 때문이다.

독일 전력공급회사인 RWE의 사례를 보자. RWE는 독일 최대 규모의 에너지 공급업체로 2018년 기준 시간당 105.9테라와트(TW)의 전력을 생산했는데, 이는 독일 전체 전력생산량의 무려 30퍼센트에 해당하는 양이다. 그런데 RWE의 CFO는 2017년 한 인터뷰에서 충격적인 언급을 했다. 회사가 재래식 발전소를 건설하는데 5년간 100억 달러를 투자했지만, 그중 대부분을 사용하지도 못하고 폐기할 수밖에 없었다는 것이다.

에너지산업 전체가 재생에너지 분야로 전환되는 상황에서 왜 재래식 발전 기술에 그런 막대한 투자를 했는지 파악하기 위해 RWE는 사후분석을 수행한 결과 의사 결정자들이 투자전략을 평가할 때 현상유지를 고집하는 확증편향을 보였다는 것이 드러났다. 재생에너지는 반짝 유행에 지나지 않고 재래식 발전 기술이 앞으로도 여전히 경쟁우위가 있을 것이라는 확신 때문이었을 것이다. 게다가 상사의 판단에 의문을 가진 부하직원들이 반박하는 의견을 내지 않고 침묵했던 것도 중요한 이유였다. CFO는 RWE가 "과도한 자신감과 낙관주의 같은 행동 편향에 깊이 빠져 있었다"고 인정했다.[12] 기업을 경영하던 리더의 확증편향이 100억 달러를 허공에 날린 것이다. 다행히 그후 RWE는 위기를 극복하고 재생에너지에 적극적으로 투자하면서 유럽의 3대 재생에너지 생산기업으로 부상했고 해외 풍력발전 부분에서는 글로벌 리더로 자리 잡았다. 제대로 된 걱정을 하기 시작한 것이다.

보통의 회사에서도 얼마든지 확증편향은 발견된다. 신제품 출시를 위해 사내에서 새로운 컨셉을 공모한 경우를 생각해보자. 리더가 먼저 자신이 가장 마음에 드는 컨셉을 선정한 후 직원들의 의견을 조사했다. 대부분 좋다고 평가가 나왔지만 몇몇 반대 의견도 있었다. 이때 리더가 그 반대 의견을 '잘 모르고 하는 소리야'라고 무시하며 신제품 출시를 밀어붙인다면 어떻게 될까? 확증편향은 자기가 선택한 대안의 장점을 크게 부각하고 단점은 축소하거나 무시한다. 만일 그 반대 의견이 가장 중요한 요소였다면 그 신제품의 미래는 보지 않아도 뻔하다.

확증편향의 부정적 영향은 정보를 입수하는 과정에서도 나타난다. 사람은 자신이 보고 싶은 것만 보기에 이를 충족하는 정보는 무조건 믿는 경향이 있다. 요즘 검색 사이트는 대부분 인공지능을 활용해 맞춤형 서비스를 제공한다. 사용자가 클릭한 기사와 관련된 기사만 주로 노출시킨다. 사용자의 취향을 분석해서 보고 싶은 것, 믿고 싶은 것만 아주 편리하게 보여주니 '정보 편식'은 더욱 심해진다. 이렇게 편중된 정보는 더욱 더 확신을 만든다. 이를 토대로 내려진 의사 결정의 결과는 보지 않아도 뻔하다.

확증편향에 빠진 상태에서 리더가 직원들로부터 자신의 입맛에 맞는 정보만 보고받으면 중요한 의사 결정을 그르칠 가능성이 크다. 이를 두고 오하이오주립대학교 경영대학원 폴 너트(Paul Nutt) 교수가 지적한 바 있다.

"리더들의 사업상 실패도 알고 보면 리더 자신의 심리적인 문제에서 비롯되는 경우가 많다. 기업에서 실패한 의사 결정에 대해 연구한 결과, 경영진의 60퍼센트는 자기중심적으로 내린 판단 등 자아(ego)와 관련된 심리적 요인의 영향이 컸다."

리더가 확증편향에 빠져 자기중심적인 판단을 해서는 안 된다는 경고다. 그래서 오늘날 기업은 회의 때 특정 사안에 대해 의도적으로 반대 의견을 제시하게 하는 소위 '악마의 변호인(devil's advocate)'을 내세우거나 '레드팀(Red Team)'을 두기도 하며 '집단지성(Collective Intelligence)'을 이용하기도 한다. 확증편향에 빠지기 쉬운 '집단사고(Group Think)'를 피하기 위해서다.

—— 통제력을 상실한 리더
●

오버싱킹과 확증편향으로 시야가 좁아져 번번이 잘못된 의사 결정을 내리게 되면 리더는 어떤 생각이 들까? 자신감이 떨어지고, 자신이 통제 가능한 영역이 점점 사라진다고 느낄 것이다. 리더에게 통제 가능한 영역이란 예측과 판단이 가능한 확실성 영역이다. 이 영역에서는 뉴턴식 세계관이 막강한 영향력을 발휘한다.

뉴턴식 세계관의 핵심은 결정론이다. 우주에서 일어나는 모든 사건과 운동은 이미 그 전부터 결정돼 있으며, 어떤 법칙에 따라 합리적으로 움직인다고 생각한다. 마치 시계태엽처럼 세상은 하나의 원인과 하나의 결과가 정확하게 맞물려 돈다. 부를 쌓는 방법도 정해져 있다. 은행에서 가능한 많은 돈을 끌어와 땅과 공장을 마련하고 노동자를 고용한 후 많이 만들고 많이 팔면 됐다. 과거에는 공급은 부족한데 시장의 수요는 넘쳤기 때문이다.

대량생산과 소비가 확실성 시대의 시장 법칙이었다. 예외는 많지 않았다. 따라서 뉴턴식 세계관을 가진 리더는 어떤 사건이 발생하면 과거에 해결했던 방법을 그대로 사용해 해결하려 한다. 이전에는 그럭저럭 잘 맞아들었다. 그러나 불확실성이 커지면서 모든 것이 뒤틀리기 시작했다. 시장은 시계태엽처럼 굴러가지 않고 럭비공처럼 튀기 시작했다. 공급은 넘쳐나는데 수요는 세분화되고 끊임없이 변했다. 시장의 경계가 허물어지며 툭 하면 '게임체인저'가 나타나 시장을 흔든다. 아무리 치밀하게 계획을 짜고 'to do 리스트'를 만들어 진행해도 예기치 않은 일이 불쑥 나타나 모든 것을 망쳐 놓는다. 정태적 시장이 동태적 시장으로 바뀌면서 리더의 예측과 판단도 점점 들어맞지 않게 됐다.

의사 결정이 빈번하게 실패하면 리더는 통제력을 상실한다. 특히, 통제가 가장 빠르고 효율적이고, 특권이자 권위라는 생각이 강한 뉴턴식 사고관의 리더에게는 이 상황은 충격적이고 두렵다. 통제할 수 있음은 권력을 의미한다. 권력은 원하는 대로 일을 처리할 수 있는 능력이다. 원하는 대로 일을 할 수 없으니 리더의 존재 이유가 사라지는 것 아닌가. 앞으로 자신이 어떤 역할을 해야 하고, 어떤 지시를 내려야 할지 모르는 것만큼 리더를 불안하게 만드는 것은 없다. 무엇보다 통제력 상실은 리더의 지위를 위태롭게 한다. 투자자들이 마냥 지켜볼 리 없어서다. 한 연구 결과에 따르면[13], 불확실성이 커지면서 미국의 경우 설립 3년째 CEO의 50퍼센트가 자리에서 물러났고 4년째에는 60퍼센트가 퇴임했다. 상장 이후에도 창업자가 CEO 자리를 유지한 기업은 25퍼센트 미만에 불과했다. 통제력을 상실하면 창업자라도 하루아침에 실직자 신세가 된다. 자신의 손으로 직접 키워왔던 회사에서 물러날 위기를 맞은 리더는 더 큰 불안감에 휩싸일 수밖에 없다.

—— 모두가 당신을 인정해주는 종교

●

코로나19 확산으로 세상에 정체를 적나라하게 드러낸 종교집단이 있다. 바로 '신천지예수교'다. 이 집단의 규모는 엄청나다. 신도 수

21만 명, 보유재산 5,500억 원 이상, 현금 흐름 규모는 연간 1조 원이 넘는다. 놀라운 것은 이 재산 대부분이 신천지 신도를 통해 모금됐다는 점이다. 각종 헌금모금과 산하 24개 조직에서 운영한 사업을 통해 21만여 명의 국내 신도들이 내부 소비를 한다. 더욱 놀라운 것은 이 사이비 집단 신도의 10명 중 6명이 20대 청년이란 점이다. 왜 총명한 20대 청년들이 이 집단에 끌리게 된 것일까? 가장 주요한 원인 중 하나로 꼽히는 것이 20대 청년에게 주는 '직책'이다. 사실 20대 초반 청년들은 직업도 없고 밖에선 보잘것없는 존재인데 신천지교회 안에서는 특정 역할을 맡기고 '팀장님', '부서장님'이라 불리며 하늘 같은 대접을 받는다고 한다. 자신이 할 수 있는 것이 아무것도 없다며 절망하던 청년들의 '자존감'을 높이 부추겨주니 얼마나 매력적이었을까. 신천지를 15년간 추적한 YTN 변상욱 앵커는 인터뷰 중 20대가 신천지의 상당수를 차지하는 이유 중 하나를 '자기효능감 (self efficacy)'에서 찾으며 다음과 같이 말했다.

"실패를 겪은 상태에서 '낙오자다', '분발해라' 등의 소리를 들은 사람들은 대개 자존감이 크게 떨어져 있다. 신천지는 이런 사람들의 약점을 파고든다. 당신도 세상을 바꿀 수 있다는 허황된 희망의 메시지도 건넨다. 이렇게 들어간 개인은 본인이 속고 있다는 생각을 쉽게 하지 못한다. 집단행동 속에서 집단 최면에 빠지기 때문이다. 문제가 있다고 느껴도 자기효능감을 느꼈던 짜릿한 기억때문에 벗어나기 어렵다."[14]

자존감에 대해 오랜 기간 연구해온 미국의 심리학자 나다니엘 브랜드(Nathaniel Branden)는 《자존감의 여섯기둥》에서 자기효능감을 다음과 같이 표현했다.

"자기 정신의 기능에 대한 믿음이자, 자신의 생각, 이해, 학습, 선택, 결정 능력에 대한 믿음이다. 또 자기효능감은 절대로 실수하지 않을 것이라는 확신이 아니라, 스스로 생각하고 판단하고 이해해서 실수를 바로잡을 수 있다는 자신감이다. 자기효능감이 낮을수록 새롭고 낯선 것에 불편을 느끼며 과거의 기술에 집착한다."

이를 리더에게 적용하면 한마디로 '주어진 과제를 성공적으로 조정하고 해결하는 자신의 능력에 대한 자각'이 자기효능감이다. 자기효능감이 높을수록 자신에 대해 긍정적인 감정을 경험하므로, 더욱 열정적으로 목표에 도전한다. 반대로 자기효능감이 낮으면 아무리 뛰어난 판단력을 가졌더라도 자존감이 무너졌을 때 목표를 잃고 방황하게 된다.

특히, 자기효능감은 리더가 연속된 의사 결정 실패로 더는 통제력을 발휘할 수 없다고 느낄 때 가장 낮아진다. 과거처럼 올바르고 정확한 의사 결정으로 업무를 완수했을 때 느끼는 뿌듯함과 일 자체에서 느끼는 만족감을 더는 느끼지 못하니 움츠러들고 시야가 좁아지면서 확증편향은 더 심해진다.

무기력해진 리더 ──

●

　현재 코로나19 대유행은 3차 유행을 지나 4차 유행까지 접어들고
있다. 1차 대유행 때는 역경을 헤쳐가자고 독려하며 과감한 결단과
실행력을 보여주던 기업의 리더들이 2차와 3차 대유행을 거치면서
점점 리더십이 불분명하고 변덕스러워지는 경우가 많아지고 있다.
소위 '감염병 피로' 현상이다. 언제 끝날지 모르는 감염병과 정부 방
역정책으로 더는 매출을 통제할 수 있는 상황이 아닌 탓이다.

　무기력은 통제력과 자신감을 잃어버린 리더에게 나타난다. 리더
는 자신의 무력감을 숨기기 위해 직원들에게 더 거친 언행과 위압적
태도를 보이기도 한다. 집에 돌아가 가족에게 화풀이하는 때도 있
다. 특히 통제력 상실 경험이 반복되면 무기력은 습관화돼 '학습된
무기력(learned helplessness)'에 빠진다. 이 용어는 긍정심리학자 마
틴 셀리그만(Martin Seligman)이 창안한 것으로 '반복된 외부의 부정
적 자극에 순응해 스스로 상황을 헤쳐나갈 의욕을 잃은 상태'를 말
한다. 학습된 무기력에 빠진 리더는 위험에 대처하는 노력을 중단할
뿐 아니라 어떤 시도도 하지 않는 수동적 태도를 보인다. 판단력은
떨어지고 새로운 방향과 목표 설정 의식도 사라진다. 실망, 자책, 후
회, 패배감, 불안 등 수많은 부정적 감정에 휩싸여 갈 길을 잃는다.
위기가 닥친 상황에서 정확한 방향성과 지침을 내려야 할 리더십이
실종됐으니 직원들 역시 불안하고 무기력해진다. 무기력은 무책임

을 동반한다. 책임질 사람이 없으니 일은 더욱 꼬이고 정체된다. 리더의 무력감은 회사라는 피뢰침이 모두 흡수해버린다. 회사 전체가 무력감에 전염돼 활기를 잃고 서서히 무너진다. 결국, 이런 상태에서 내리는 의사 결정은 파괴적 결과를 가져올 뿐이다.

—— 파국으로 이끄는 걱정의 7단계 경로
●

지금까지 언급한 내용을 종합하면, 불확실성을 마주할 때 리더가 어떤 심적 경로를 밟으며 잘못된 의사 결정으로 무너지는지 한눈에 들어온다. 불확실한 상황은 리더에게 불안감을 일으킨다. 불안을 해소하기 위해 리더는 '도망가기', '핑계 대기', '정신 승리', '걱정하기' 등 4가지 전략 중 하나를 선택한다. 다만, 중요한 의사 결정을 하는 리더의 특성상 앞의 세 가지 전략보다 마지막 '걱정하기' 전략을 쓰는 경우가 대부분이다.

리더가 앞 세 전략을 주로 사용한다면 문제가 있다. 리더가 불안을 회피하기 위해 도망가고, 핑계 대고, 정신 승리에 여념 없는 회사의 미래는 뻔하지 않은가. 하지만 '걱정하기' 전략을 선택한 리더가 불확실성을 견뎌내는 힘이 매우 약하고, 오버싱킹(overthinking)이 심한 '파괴적 걱정'을 하면, 시야가 좁아지고 입맛에 맞는 정보만 받아들이는 확증편향이 두드러지게 된다. 확증편향은 잦은 의사 결정 실패를 가져오고 리더는 통제력을 상실했다고 느낀다.

할 수 있는 일이 없다고 생각한 리더의 자기효능감은 바닥을 친다. 이는 다시 확증편향 → 빈번한 의사 결정 실패 → 통제력 상실 → 자기효능감 저하로 이어지는 악순환 고리(negative feedback loop)를 반복하는 '파국의 덫'에 걸려든다. 이 덫에서 빠져나오지 못하면 리더는 무기력해지고 그 무력감이 조직 전체에 전염되듯 퍼지면서 〈그림 3〉처럼 파국으로 이끄는 7단계 경로를 밟게 된다.

파괴적 결과를 피하고 기업을 성공으로 이끌기 위해서는 어떻게 걱정해야 할까? 제4장에서는 제대로 걱정하는 법에 대해 살펴보자.

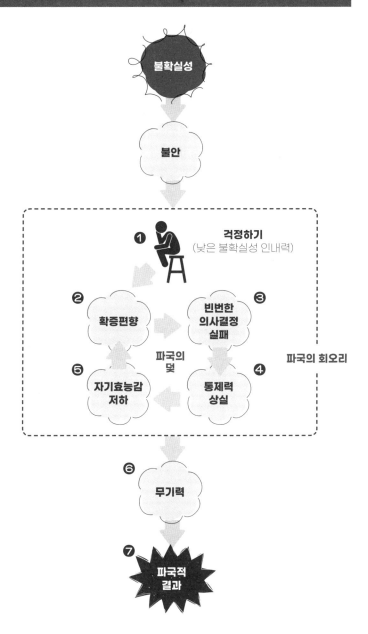

그림 3 : 파국으로 이끄는 '걱정하기' 7단계 경로

불확실성

불안

❶ 걱정하기
(낮은 불확실성 인내력)

❷ 확증편향

❸ 빈번한 의사결정 실패

파국의 덫

파국의 회오리

❺ 자기효능감 저하

❹ 통제력 상실

❻ 무기력

❼ 파국적 결과

제4장

DO WORRY

제대로 걱정하라
_ 걱정 경영 준비

BE HAPPY

── 걱정이 너무 많은 리더들

●

스티브 잡스의 걱정

월터 아이작슨은 세계적인 전기 작가답게 《스티브 잡스》에서도 인물의 내면을 파고들었다. 생전의 스티브 잡스와 인터뷰 중 "당신이 만들어낸 가장 뛰어난 창조물이 무엇인가?" 하고 물었다. 당시 월터 아이작슨은 아이패드나 매킨토시라는 답이 나올 줄 알았다. 하지만 잡스의 대답은 '애플'이라는 회사 자체였다. 스티브 잡스는 위대한 제품을 만드는 것보다 오랜 시간 지속하는 기업을 만드는 일이 훨씬 힘들고 중요하다고 이야기했다.

스티브 잡스는 직원들에게 쉽게 발끈해 화를 내고 초조해하는 괴팍한 성격으로 유명했다. 이를 두고 그의 인성에 대해 비판하는 사람도 많았지만 그런 초조함과 괴팍한 성격은 바로 '회사가 무너지지

않을까' 하는 강박적 걱정 탓이었다. 그렇지만 이 걱정 덕분에 그는
세계 최고의 인재를 얻기 위해 필사적으로 매달렸고, 내부 정보가
새어나갈 걱정에 기자와의 접촉은 일절 금지하고 민감한 정보를 유
출 시에 퇴사시키겠다는 엄포도 놨다. 정신 집중을 방해할 수 있다
는 걱정에 회사에 개를 데려오는 것은 물론 담배를 피지 못하게 하
는 등 시시콜콜한 것까지 참견한 것 역시 이런 맥락에서 이해할 수
있다. 그는 지속가능한 회사의 핵심을 인재와 보안 그리고 몰입을
통한 혁신으로 봤고 이 핵심을 놓칠까 봐 항상 걱정한 것이다.

빌 게이츠의 걱정

크게 성공한 기업의 경영자들은 반드시 해야 할 걱정에 집중한다.
마이크로소프트 창업자 빌 게이츠는 잿빛 미래 시나리오를 늘어놓
는 것으로 유명했다. 빌게이츠의 걱정과 두려움은 '악몽 메모'로 잘
알려저 있다. 1991년 6월 17일부터 20일까지 4일간 마이크로소프
트의 주식이 11퍼센트나 급락하면서 빌 게이츠의 자산이 30억 달러
가 허공으로 사라진 사건이 발생했다. 앞으로 발생 가능한 악몽 같
은 시나리오들이 가득 쓰인 그의 메모가 유출돼 한 언론사에 대문짝
만하게 실렸기 때문이다. 그 메모에는 경쟁사들, 기술, 지적재산권,
재판 문제, 마이크로소프트의 고객지원의 단점과 같은 여러 가지 걱
정, 위협요소들로 가득했다. 심지어 "우리 회사에 닥친 이런 악몽은
현실이다"라는 문구까지 적혔다고 하니 시장이 얼마나 화들짝 놀랐

을지 짐작이 간다.[15]

그 이후 알다시피 마이크로소프트는 세계 최고의 기업으로 성장했고, 빌 게이츠는 무려 22년 동안 세계 부자 순위 1위였다. 지금은 코로나19 퇴치 연구에 5억 달러 이상 기부한 그는 지구의 '기후 위기'를 경고하면서, 기업에 대한 걱정을 넘어서 세계 전체에 대한 건강한 걱정을 지속하고 있다.

삼성의 걱정

얼마 전 고인이 된 삼성전자 이건희 회장 역시 오래전 언론과의 인터뷰에서 "매출이 늘어날수록 더 불안하다"며 유별난 위기의식을 보여줬다. "마누라와 자식 빼고 다 바꿔라"고 했던 말이 더 유명한 1993년 '신경영선언'은 이런 불안과 걱정의 산물이었다. 2020년에 공개된 25년 전 신경영선언 당시 그의 육성 녹음 테이프에 당시 그의 걱정과 고민의 모습이 고스란히 담겨 있다.

"반도체 뭐 이익이 몇 조가 나고 내가 기분이 좋아 가지고 붕 떠 있고 전부 다 그렇게 생각하고 있을 거야. 더 불안해 더 불안해 나는."

이런 걱정을 통해 잘 대비했기 때문일까? 삼성은 2008년 외환위기라는 험난한 파고를 넘었고, 2012년 드디어 휴대폰 판매 세계 1위 자리를 차지했다.

긍정의 힘과 걱정의 힘 ──

●

우리는 걱정을 부정적인 것으로 생각하는 경향이 있다. 해서는 안 될 것, 피해야 할 것, 심지어 필요 없는 것으로 여기는 때도 있다. 비즈니스나 일상생활에서 걱정 그 자체에 대해 곰곰이 생각해본 적은 더더욱 없다.

특히 걱정을 말썽꾸러기나 뜨거운 감자로 취급하게 만든 것은 긍정심리학의 영향이 크다. 심리학이 부정적 감정이나 결점에 관심을 두고 치료하는 일이 목적이라면, 긍정심리학은 인간의 긍정적 감정이나 강점에 관심을 두고 잘못된 부분을 교정해 최상의 상태를 만드는 일에 목적을 둔다. 소위 '긍정의 힘'을 키우는 것이다.

문제는 긍정의 힘을 무조건 '긍정'에만 맞춰 모든 것에 억지로 끼워 넣거나, 잘못 적용하는 경우다. 예를 들어, 암이든 감염병이든 긍정적인 감성을 가지면 면역체계가 활성화돼 병이 낫는다는 의견들을 종종 듣는다. 하지만, 아무리 긍정적인 마음으로 바꾼다고 하더라도 면역체계가 살아나 완쾌되는 것은 결코 아니다. 확실한 의학적 근거는 없다. 그저 스트레스를 완화시킬 뿐이다.

긍정의 힘을 잘못 적용할 때도 많다. 앞에서 언급한 불안을 덜어내는 전략인 '핑계 대기'와 '정신 승리'가 그것이다. 매출이 점점 떨어지는 회사의 리더가 그 이유를 급작스러운 경기 침체로 소비자들이 구매를 미룬다든지, 신제품 개발에 집중하는 바람에 마케팅 타이밍을 놓쳤다는 등 긍정적인 해석을 한다고 하자. 당장은 불안감이 사라지고 긍정적인 기분으로 버틸 수는 있겠지만, 시장 구조가 바뀐 상황에서 이런 접근은 이미 시장에서 낙오됐다는 증거다. 신제품을 출시했는데 소비자 반응이 영 좋지 않을 때 그 원인을 비싼 가격과 부족한 기능에서 찾는다고 하자. 당장은 불안감이 사라지고 이 부분만 보완하면 다시 매출이 오를 것이라는 긍정적인 생각이 들지만, 소비자의 심리와 트렌드를 읽지 못한다면 이런 접근은 항상 실패만 불러올 것이다.

삼성전자에게 반도체 시장 1등 자리를 내줄 당시 일본 반도체 업계는 "기술은 여전히 우리가 앞서지만 삼성전자의 과감한 설비 투자에 밀릴 뿐이다"라고 말했다. 전형적인 정신 승리다. 그 순간은 자아(ego)가 보호받고 '우리도 투자하면 된다'는 긍정적인 감정이 들지만, 결국 시간이 흐를수록 상황은 더욱 악화할 뿐이다. 결국, 일본 반도체 업계는 빠르게 몰락했다.

이제는 실질적인 도움이 되는 '걱정의 힘'을 믿어보자. 위대한 기업들은 불확실성이 난무하는 시장에서 다가올 미래의 위험을 예측하고 각각의 상황별로 어떻게 될지 끊임없이 걱정(시뮬레이션)한 후 대책을 선택하고 실행에 옮겼다. 이런 걱정을 경영학에서는 '시나리오 경영'이라 부른다. 시나리오 경영의 근본에는 철저한 걱정이 깔려있다. 지금부터라도 제대로 걱정하는 법을 살펴보자.

기업을 성공으로 이끄는 2가지 걱정의 힘 ——

●

　걱정은 불씨와 같다. 잘 다루면 선물이지만 잘 다루지 못하면 재앙이 된다. 불확실한 상황에서 걱정을 다루는 기술이 없을 때 개인이나 기업이 파국적 결과를 맞이할 수 있지만, 걱정을 다루는 기술이 있다면 생존은 물론 성장을 거듭할 수 있다.

　기업을 성공하게 만드는 두 가지 걱정이 있다. '리더의 걱정'은 기업의 생존과 지속가능한 경영을 보장하고, '고객의 걱정'은 기업의 혁신과 폭발적인 성장을 가능하게 한다. 모든 기업은 고객의 문제와 욕구 그리고 결핍 즉, 걱정거리를 해결하면서 성공의 길에 오르기 때문이다. 가파른 비탈길에서 수레를 끌고 정상에 오르려면 이 두 가지 걱정의 힘을 잘 사용해야 한다. 앞에서만 끌거나 뒤에서만 밀면 곧 지쳐 뒤로 미끄러진다. 앞에서 끄는 동시에 뒤에서 밀 때 수레는 비로소 성상까지 오를 수 있다. 기업이라는 수레도 마찬가지다. 뒤에서 '리더의 걱정'으로 받쳐주고 앞에서 '고객의 걱정'으로 끌고 나갈 때 기업은 정상에 오를 수 있다.

　성공하는 기업의 리더는 늘 상황이 예상치 못하게 급격히 변할 수 있다고 생각하며 위기가 나타날 상황을 상상한 후 끊임없이 "만약에?"라고 질문을 던지며 상황 변화에 신경을 곤두세우며 걱정한다. 이런 질문을 통해 여러 가지 대응책을 마련하고 실제 위협 상황에서는 민첩하게 대응책을 실행해 탁월한 성과를 만든다. '파괴적 걱정'처럼 불확실성에 함몰돼 확증편향에 빠지지도 않고, 통제력 상실로 무기력감에 빠지지도 않는다. 오히려 더 열정적이고 집중적으로 발생할 문제에 대해 걱정하고 대응책을 마련한다. 리더가 걱정을 제대로 해야 하는 이유다. "Don't worry, Be happy"가 아닌 "Do worry, Be happy"로 바꿔야 한다.

최근 코로나19 대유행으로 수많은 글로벌 기업이 직원의 안전을 제1 목표로 삼고 글로벌가치사슬(Global Value Chain)을 재편하는 등 우발적인 위기 상황에 대응하는 '컨틴전시 플랜(contingency plan)'을 가동하는 이유 역시 올바른 걱정의 산물이다.

시스템을 갖춘 기업들은 세계 경제의 이상 상황을 항상 모니터링하고 다가올 위험을 파악해 집중해야 할 걱정을 미리 찾는다. 우리도 일련의 프로세스가 필요한 시점이다.

—— 걱정을 전략적으로 경영하는 방법
●

무엇보다 먼저 해야 할 일은 불안감을 최대한 잠재우는 일이다. 불안에 휩쓸려 머릿속이 하얗게 변하고 자질구레한 걱정이 가득 차면 새로운 길을 만들 수 없다. 불안을 잠재우는 가장 좋은 방법은 도망가는 것이 아니라 확실성 영역을 최대한 넓히는 것이다. 예측과 판단 가능한 영역이 늘기 때문이다.

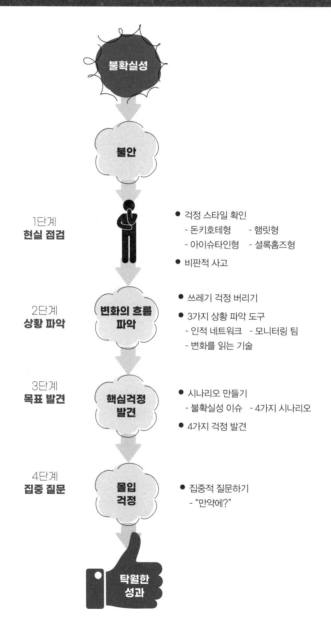

그림 4 : 탁월한 성과를 위한 4단계 걱정 전략

불확실성

불안

1단계
현실 점검

- 걱정 스타일 확인
  - 돈키호테형   - 햄릿형
  - 아이슈타인형 - 셜록홈즈형
- 비판적 사고

2단계
상황 파악

변화의 흐름
파악

- 쓰레기 걱정 버리기
- 3가지 상황 파악 도구
  - 인적 네트워크   - 모니터링 팀
  - 변화를 읽는 기술

3단계
목표 발견

핵심걱정
발견

- 시나리오 만들기
  - 불확실성 이슈   - 4가지 시나리오
- 4가지 걱정 발견

4단계
집중 질문

몰입
걱정

- 집중적 질문하기
  - "만약에?"

탁월한
성과

걱정은 마음의 불씨다. 이 소중한 불씨를 어떻게 다루느냐에 따라 개인과 기업 더 나아가 국가의 운명이 달라진다면, 걱정을 이대로 둘 수만은 없다. 걱정은 기피의 대상이 아니다. 전략(strategy)의 대상이자 동시에 갈고 닦아야 할 기술(skill)이다.

올바른 걱정을 통해 탁월한 성과를 얻으려면 '현실 점검' → '상황 파악' → '목표 발견' → '집중질문' 이 4단계 걱정 경영 프로세스를 거쳐야 한다.

—— 현실 점검 : 걱정 전략 1단계
●

1단계로 제일 먼저 점검할 부분은 현재 자신의 '걱정 스타일'이다. 자신이 어떤 식으로 걱정을 하는지 알아야 부족한 점을 개선하고 보강할 수 있다. 이를 위해서는 두 가지를 확인해야 한다. '사고 방식'과 '자기효능감'이다.

사고 방식의 성향 파악하기

먼저 사고 방식의 성향을 확인해보자. '전혀 동의하지 않는다'는 1점, '대체로 동의하지 않는다'는 2점, '잘 모르겠다'는 3점, '대체로 동의한다'는 4점, '매우 동의한다'는 5점이다.

1) 하나의 결과에는 반드시 그에 해당하는 하나의 원인이 있다.   __ 점

2) 모든 성장은 좋은 것이며 또한 달성 가능하다.   __ 점

3) 문제가 되는 것만 쓰레기통에 버리면 모든 것이 해결된다.   __ 점

4) 어떤 문제든 기술로 해결할 수 있다.   __ 점

5) 문제를 측정할 수 없다면, 그 문제는 존재하지 않은 것이며 중요하

   지도 않다.   __ 점

6) '경제성'이 가장 중요하다.   __ 점

7) 관계는 직선적이고, 시간 지연이 없으며, 연속적이어야 바람직하다.   __ 점

8) 투자한 만큼 결과를 얻는다.   __ 점

9) 모든 시스템은 각각 분리할 수 있다.   __ 점

10) 현재 시스템은 견딜 만하고 또 그다지 나빠지지 않을 것이다.   __ 점

*10번까지 점수를 더해보자. 만일 총합이 25점 이상이라면 당신은 '직선적
  사고' 성향이 좀 더 강하고, 25점 미만이면 '통합적 사고' 성향이 좀 더 강
  하다.

직선적 사고의 리더는 전체보다 부분을 중시한다. 어떤 결과가 발
생하면 직접적 원인 하나가 반드시 존재한다고 생각한다. 그 원인만
해결하면 모든 문제는 해결 가능하다고 본다. 결단력과 실행력이 뛰
어나지만, 종종 인과관계를 성급히 판단해 일을 그르치는 경우가 있

다. 반면, 통합적 사고방식의 리더는 부분보다 전체를 중시한다. 특정 사건을 다양한 원인이 복합적으로 작용한 결과로 이해한다. 구성 요소간 관계성을 중시하고 서로 어떤 상호작용을 하는지에 관심이 많아 여러 측면에서 신중히 생각하고 판단한다.

자기효능감 측정하기

'자기효능감' 수준도 파악해야 한다. '매우 그렇다'는 5점, '약간 그렇다'는 4점, '그저 그렇다'는 3점, '약간 그렇지 않다'는 2점, '매우 그렇지 않다'는 1점을 매긴 후 총합을 구한다.[16]

1) 일단 계획을 세우면 그것을 잘 실행할 자신이 있다. ＿ 점

2) 꼭 해야 할 일이 있으면 즉시 시작한다. ＿ 점

3) 처음에는 잘 풀리지 않던 일이라도 끈질기게 매달려 될 때까지 해낼
   수 있다. ＿ 점

4) 새로운 친구를 잘 사귄다. ＿ 점

5) 중요한 목표를 세워서 그것을 성공시켜 본 적이 많다. ＿ 점

6) 끝을 보지 못하고 포기해버릴 때가 거의 없다. ＿ 점

7) 만나고 싶었던 사람을 멀리서 만나면 그쪽에서 오는 것을 기다리지
   않고 내가 먼저 다가간다. ＿ 점

8) 어려운 처지에 빠질 수 있는 일도 피하지 않는다. ＿ 점

9) 아주 까다로워 보이는 일이라도 적극적으로 참여한다. ＿ 점

10) 정말 사귀고 싶은 사람은 친구가 되는 것이 어려워 보여도 끝까지

포기하지 않는다. ___ 점

11) 재미없는 일이라도 일단 시작했으면 끝낼 때까지는 최선을 다한다. ___ 점

12) 무엇인가를 하겠다고 마음 먹으면 바로 행동에 나선다.

13) 새로운 일을 하겠다고 결정한 후 시작이 시원치 않아도 끝까지 포

기하지 않는다. ___ 점

14) 생각하지 못했던 일이 일어나도 그것을 잘 처리한다. ___ 점

15) 어려워 보이는 일은 배워서 해보겠다고 생각을 한다. ___ 점

16) 무슨 일에서 실패하더라도 위축되지 않고 다시 열심히 하겠다고

생각한다. ___ 점

17) 사람들이 많이 모인 곳에서도 행동이 위축되지 않는다. ___ 점

18) 무엇인가를 하려고 할 때 자신이 그 일을 할 수 있을지 불안해하지

않는다. ___ 점

19) 사람들에게 부탁을 잘하는 편이다. ___ 점

20) 끝까지 포기하지 않는 편이다. ___ 점

＊50점을 기준으로 총합이 100점에 가까울수록 '자기효능감'이 높고, 20점

에 가까울수록 '자기효능감'이 낮다고 할 수 있다.

●

자신의 '사고방식'과 '자기효능감' 수준을 파악해 종합해보면 자신이 어떤 걱정 스타일인지 확인할 수 있다.

이것은 또한 '범불안장애'의 가능성을 가늠해볼 수 있는데, 범불안장애의 원인은 크게 두 가지다. '자극 위험성에 대한 과대지각'과 '대처능력 과소평가'다. 다시 말해, 다가올 위협을 실제보다 더 위협적이라고 생각할수록, 그 위협에 대처할 능력이 없다고 느낄수록 범불안장애로 발전할 가능성이 커진다. 전자는 한쪽으로 치우쳐 생각하게 하는 '확증편향'을 키우고, 후자는 '자기효능감'을 낮추기 때문에 '파괴적 걱정'을 할 가능성을 키운다. 반대로 확증편향이 적고, 자기효능감이 클수록 '몰입 걱정'을 잘 할 수 있다.

이 양극성을 가진 두 척도를 4×4 매트릭스로 표현하면 〈그림 5〉의 네 가지 구체적인 걱정 스타일을 알 수 있다.

'직선적 사고'가 강하고 '자기효능감'이 높을수록 '돈키호테형 걱정'을 하고, '직선적 사고'는 강하지만, '자기효능감'이 낮다면 '햄릿형 걱정', '자기효능감'은 낮지만 '통합적 사고'가 강하면 '아이슈타인형 걱정', '자기효능감'도 높고 '통합적 사고'도 강하면 '셜록홈즈형 걱정'을 한다.

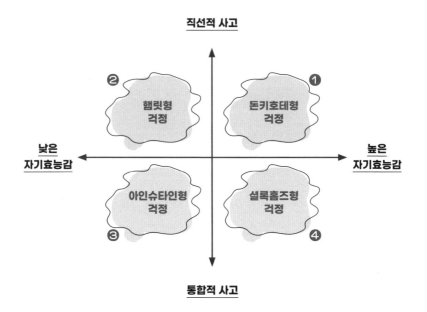

그림 5 : 4가지 걱정 스타일

직선적 사고

❷ 햄릿형
걱정

❶ 돈키호테형
걱정

낮은
자기효능감

높은
자기효능감

❸ 아인슈타인형
걱정

❹ 셜록홈즈형
걱정

통합적 사고

돈키호테형 걱정

남들의 시선을 그리 의식하지 않고, 매사에 자신감이 넘치며 즉각적으로 행동에 옮기는 자기효능감이 높은 사람이 있다. 이들은 아무리 어려운 상황이 다가와도 두려워하지 않고 전진한다. 멋진 비전을 펼쳐 보이고 강한 신념과 카리스마적 리더십을 보이기도 한다. 그런데 이런 사람들이 '직선적 사고'를 하면 독선적이고, 망상에 빠져 무모한 일에 쉽게 뛰어들 수 있다.

세르반테스는 작품에서 돈키호테를 광인으로 묘사한다. 주인이 미친 돈키호테를 내쫓기 위해 기사 서품식을 해주자 세상의 불의를 바로 잡아 정의를 세우고, 미성년자와 미망인 등 약자를 보호하며, 나라를 도와 자기 명예를 세우겠다는 영웅주의에 고무돼 편력기사 모험을 떠난다. 거대한 풍차를 괴물로 보고 돌진하다 부상을 당하기도 하고, 양 떼를 군대로 보고 싸우기도 한다. 강한 자기효능감이 직선적 사고와 맞물리면 이런 무모한 일들이 생긴다. 현실과 환상을 구분하지 못하고 실패를 해도 그 원인을 자신이 아닌 외부 환경 탓으로 돌리기도 한다. 자신이 원하는 방향으로 가지 않아도 큰 걱정이 없다. 계속 불도저처럼 밀어붙이기만 하기에 시장의 변화에도 둔감해지기 쉽다. 교만에 빠져 상황판단이 흐려질 수도 있다.

'돈키호테형 걱정'은 기업이 조심해야 할 걱정이다. 아무런 걱정 없이 무모하게 밀어붙이면 문제만 더 커진다. 하지만, 기억하자. 꿈을 찾아 펼치는 삶을 그리는 돈키호테가 '통합적 사고'를 통해 제대로 걱정했다면 세상을 변화시킬 탁월한 성과를 이뤘을 것이다.

햄릿형 걱정

흔히 우유부단의 아이콘 하면 떠오르는 인물이 '햄릿'이다. 그는 항상 의심이 많고 불안에 떨었다. 아버지인 왕이 삼촌(클로디어스)한테 살해당하고 어머니(거트루드)까지 삼촌과 결혼을 했으니 16살 어린 햄릿의 정서적 상태는 그야말로 의심과 불안 그리고 분노에 가득 차 있는 상태였을 것이다. 그의 의심과 불안은 그를 '직선적 사고'에 휩싸이게 했을 가능성이 크다. 아버지도 없고 어머니에게까지 배신당했다는 생각은 '자기효능감'까지 낮게 만들었다. 정말 결단을 내려야 할 때 못 내리고 계속 우물쭈물하다 기회를 놓치곤 한다. 햄릿이 삼촌을 죽일 수 있었던 절호의 기회를 놓친 것도 그 이유다.

햄릿형 걱정은 '직선적 사고'와 '낮은 자기효능감'이 만나 형성된 걱정 스타일이다. 우리 주변에서 흔히 볼 수 있는 걱정 유형인데, 자신의 능력에 대해 자신감 있는 사람이 별로 없다. 실제로 '자기효능감' 테스트를 해보면 상당수가 낮은 점수를 받는다.

햄릿형 걱정을 하는 리더는 타인에게 결정과 선택을 의지하려는 경향을 보인다. 수많은 선택지 사이에서 망설이는 결정장애, 선택장애를 '햄릿 증후군'이라고도 부른다. 그런데 햄릿형 걱정을 하는 리더가 감당할 수 없는 스트레스에 빠졌을 때는 문제를 극단적으로 처리하려는 경향이 있다. 미래는 정해져 있고 자신이 통제할 수 있는 부분이 없다고 생각하니 '모 아니면 도' 식의 결정을 내리는 탓이다. 의사 결정을 망설이거나, 극단적인 의사 결정을 내리는 햄릿형 걱정은 '파괴적 걱정'이다. 리더가 햄릿형 걱정을 하고 있다면 회사는 앞으로 심각한 난관에 부딪힐 가능성이 크다.

아인슈타인형 걱정

특수상대성이론과 일반상대성이론을 발표하며 세기의 천재라 불리는 아인슈타인이 자신을 '의도하지 않은 사기꾼'이라고 말했다는 사실을 아는가. 그는 자신에게 쏟아지는 관심과 존경이 과분하다고 생각했고 자신은 그럴 만한 가치가 없는데 칭송을 받으니 스스로 사기꾼 같다고 표현한 것이다. 이같은 현상을 심리학에서는 '가면 증후군(Imposter syndrome)'이라고 부른다. 자신의 능력과 재능으로 이뤄낸 성공이나 성취를 운이나 외부적 요인으로 생각하고 그로 인해 계속 불안한 감정을 느끼는 증상이다.

의외로 '가면 증후군'은 유명인사들에게 많이 나타나는데, 최근 다시 불안장애가 발생해 활동을 중지한 개그맨 정형돈씨가 대표적이다. 그는 "나의 개그 능력은 단지 운이 좋아서 이뤄진 것이라 언젠가 들통이 날까 불안하다"고 말한 적이 있다. 〈기생충〉으로 세계적인 히트를 쳤던 봉준호 감독의 통역사 샤론 최, 미국 전 대통령 버락 오바마의 아내 미셸 오바마, 해리포터 시리즈의 여주인공으로 스타가 된 엠마 왓슨, 그리고 심지어 피겨 여왕이라 불리던 김연아조차 성취를 이룰수록 자신이 무능력하게 느껴졌다며 가면 증후군에 시달렸음을 고백한 바 있다. 가면 증후군은 기업 유명인사에게서도 많이 나타난다. 최고의 인재들이 모여있다는 미국의 실리콘밸리 재직자 중 60퍼센트 이상이 가면 증후군을 앓고 있다는 소식은 충격적이다. 뉴스에 따르면, 가면 증후군이 가장 많았던 곳은 72퍼센트를 차지한 아마존이었고 다음으로 구글(71퍼센트), 리프트(69퍼센트), 페이스북(66퍼센트) 순이었다고 한다.[17]

이런 증상의 주된 원인은 항상 최고가 되라고 강요하거나 다른 아이와 비교하는 어린 시절의 성장 환경, 스스로에 거는 너무 높은 기대와 요구로 인한 자존감 저하 등이다. 탁월한 통합적 사고능력을 갖추고 있음에도 불구하고, 완벽주의적 성향으로 스스로 자기효능감을 낮춘다. 자신의 무능력을 알면 사람들이 사기꾼이라고 손가락질할 것이라는 근거 없는 불안감과 걱정에 휩싸여 있다. 그래서 아인슈타인형 걱정을 많이 하는 사람들은 문제에 맞서지 못하고 회피하는 성향이 강하다.

만약 기업의 최고경영자가 아인슈타인형 걱정을 하고 있다면 어떻게 될까? 자신의 부족함을 숨기기 위해 과도하게 스스로를 혹사하고 조직에 압박과 스트레스를 줄 가능성이 크다. 숨이 턱턱 막히는 일터가 될 것이 뻔하다. 아니면 부책임하게 어느 날 갑자기 회사 문을 닫고 잠적할지도 모를 일이다.

셜록홈즈형 걱정

기업 리더에 가장 바람직한 유형은 '셜록홈즈형' 걱정이다. 탁월한 집중력과 통찰력 그리고 문제해결에 대한 자신감은 셜록홈즈를 가장 매력적인 캐릭터로 만든 대표적인 특징이다. 추리 소설 속 홈즈의 집중력은 굉장하다. 《독신자 귀족》 편에서는 다음과 같은 말이 나온다.

"나는 신문에서 범죄사건 뉴스와 고민 상담 외에는 아무것도 읽지 않는다."

자신의 직업과 관련 없는 일은 철저히 배제함으로써 집중력을 키우는 것이다. 또 홈즈는 모든 상황을 열린 마음으로 대했고 어떤 뜻밖의 일이 벌어져도 능숙하게 처리했다. 발생 가능한 다양한 시나리오를 생각하고 대응했기 때문이다. 《네 개의 서명》에서는 그는 "나는 결코 추측하지 않는다. 추측은 논리력을 파괴하는 무서운 습관이다"라고 말한다. 섣불리 판단해 지레짐작으로 문제에 접근하는 법이 결코 없다. 또 《주홍색 연구》에서는 "상식에서 벗어나는 것은 대개 장애물이 아니라 길잡이다"고 말한다. 현상을 액면 그대로 받아들이기보다 여러 가지 다양한 각도로 현상에 접근한다. 사고가 논리적이고 유연하지 않으면 불가능한 사고로 전형적인 '통합적 사고'의 특징이다. 이런 홈즈가 자신감이 넘치는 것은 어쩌면 당연하다.

스티브 잡스, 일론 머스크 등과 같은 최고의 CEO들 역시 높은 수준의 '통합적 사고' 능력과 '자기효능감'을 가지고 있다. 특히 스티브 잡스는 마음과 주의를 집중하는 능력으로 유명하다. 그는 일 이외의 일로 집중력을 잃는 것이 싫어 검은색 터틀넥과 청바지에 운동화만 신고 다녔다.

수많은 천재와 세상을 이끈 지도자들에게서 발견되는 공통점이 바로 집중력이다. 놀라운 집중력으로 반드시 해야 할 걱정에 집중했다. 이들은 또 고객의 걱정에도 집중했다. 자신의 제품에 초점을 맞추는 것이 아니라 소비자들이 느끼게 될 걱정거리(문제, 욕구, 결핍)를 찾아낸 후 이를 해결하기 위해 회사 내외부의 자원을 모두 끌어모아 문제를 해결한다. 아이팟, 아이폰을 만들어 인간이 음악을 듣는 방식과 커뮤니케이션을 하는 방법을 송두리째 바꿔버린 스티브 잡스나 뛰어난 상상력과 실행력으로 자율주행차, 신재생 에너지, 우주산업까지 영역을 넓혀 인류의 걱정을 해결하려는 일론 머스크는 바로 '셜록홈즈형 걱정'을 하는 사람들이다. 이들은 다가올 위협을 통찰하고 조직이나 사회가 겪을 일을 집중적으로 걱정한다. 셜록홈즈형 걱정이 바로 '몰입 걱정'이다. 이런 사람이 많을수록 사회는 새로운 진보를 이어갈 수 있다.

여러분은 지금 어떤 스타일의 걱정을 하고 있는가? 자신의 걱정 스타일을 파악했다면 부족한 점을 개선하자. '통합적 사고'가 약하다면 이를 개선할 훈련을 해야 하고, '자기효능감'이 낮다면 이를 극복할 방법을 찾아야 한다. 자기효능감을 높이는 방법은 작은 성공 경험을 많이 하고, 좋은 롤모델을 두고 관찰하거나, 주변에 용기를 북돋아주는 사람을 두는 등 시중의 자기계발 서적이나 인터넷 등에서 도움을 얻을 수 있다. 여기에서는 '통합적 사고'를 키우는 방법에 대해 조금 설명하겠다.

●

'통합적 사고력'을 키우는 도구 중 하나가 '비판적 사고'다. 비판적 사고(critical thinking)는 4단계 걱정 전략 중 1단계에서 필요한 기술이다. 걱정 즉, 다가올 위협을 통제할 수 없을까 두려워 시뮬레이션(사고실험)할 때 이 비판적 사고가 사용되고, 합리적인 걱정을 할 수 있게 한다. 이 기술을 갖춰야 불안과의 전투에 나설 수 있다. 총 없이 전쟁터에 나가는 군인은 없다.

비판적 사고라는 말을 들으면 어떤 생각이 떠오르는가? '비판'이라는 단어 때문에 상당히 부정적이고 공격적인 느낌이 든다. 하나에서 열까지 일일이 반대하고 시비 거는 상사의 모습도 떠오른다. 하지만 비판의 대상은 타인이 아니라 '자신의 사고(思考)'다. 자신의 사고에 '의도적인 의심'을 제기함으로써 보다 나은 견해와 관점을 형성하는 것이 비판적 사고의 목적이다. 따라서 진정한 비판적 사고는 모든 주장과 믿음 특히, 자신의 주장과 믿음에 대해 강한 의심을 제기한다.

보통 남을 의심하기는 쉽지만, 자기 생각을 의심하기는 힘들다. 그 이유를 살펴보자. 우리 뇌는 정보를 크게 두 가지 방식으로 받아들인다. 모든 정보를 있는 그대로 흡수하는 '스펀지식'과 주의 깊게 선별해 받아들이는 '채반식'이다. 스펀지식은 모든 정보를 무조건 받아들이거나, 남들이 받아들이는 것만 받아들인다. 또는 자신의 믿음에 맞는 정보만 받아들인다. 전형적인 직선적 사고방식이다. 반면 '채반식'은 적절한 질문을 통해 받아들일지 거부할지를 결정한다. 다양한 관점에서 질문을 던지며 의미 있는 정보를 골라낸다. 통합적 사고방식이다. 스펀지식 사고는 빠르고 직관적이며 쉽지만, 채반식 사고는 느리고 분석적이며 에너지를 많이 소비한다. 자기의 생각을 의심하는 것이 힘든 이유다.

논리 전개가 올바른가?

비판적 사고는 더 나은 견해와 관점을 위해 자신의 논리 전개나 인과관계 분석 등이 합리적인지 우선 따진다. 논리 전개란 '연역법'과 '귀납법'을 이용한 생각이다. 연역법은 하나의 일반적 사실(명제)과 관찰 정보를 서로 연관해 필연적인 결론을 도출한다. '걱정하면 힘들다(일반적 사실)'와 'CEO는 걱정이 많다(관찰 정보)'를 통해 'CEO는 힘들다'는 결론을 끌어내는 접근이다. 전제(일반적 사실)가 참이고 관찰 정보도 참이면 필연적으로 결론도 참이다. 삼단논법 논리 구조로 흐름을 이해하기 쉽고, 명확한 결론을 내릴 수 있다는 장점이 있다. 그러나 전제가 거짓이면 결론도 거짓이 되고, 새로운 지식을 만들어내기는 역부족이다. 이미 전제가 결론을 포함한 탓이다. 또한, 잘못된 정보를 쓰거나 숨겨진 전제를 놓치거나 논리를 비약하면 연역적 사고의 함정에 빠지기 쉽다.

반면, 귀납법은 연역법과 달리 관찰한 내용 중에서 공통점을 뽑아 일반적 사실이나 특수한 원리를 끌어낸다. '빌게이츠는 걱정 대통령이다'와 '스티브 잡스는 항상 회사가 무너질까 걱정했다' 그리고 '이건희 회장의 위기의식은 유명했다'라는 관찰내용은 '성공한 기업의 리더는 걱정이 많다'라는 결론을 끌어낸다. 관찰과 경험을 통해 새로운 지식을 만들어내는 장점이 있지만, 전제가 참이라도 결론이 100퍼센트 참이라고 보증하지 못해 확률적이고 개연적이다. 또한, 몇 가지 정보를 바탕으로 경솔한 '일반화의 오류'를 범할 수 있고 부적절한 정보 수집으로 왜곡된 결론에 빠질 함정이 있다.

철학과 수학이 연역법의 대표 주자라면, 관찰과 실험 그리고 통계적 예측을 이용하는 과학은 귀납법의 대표주자다. 이 두 접근법은 각각 독립적으로 사용하기보다는 상호 보완적으로 사용하는 경우가 많다. 귀납법으로 가설을 설정한 후 가설을 뒷받침하는 정보를 수집해 연역법으로 결론을 끌어내는 식이다. 4단계 걱정 전략은 변화의 흐름을 관찰하고 그 속에서 발생할 걱정들을 포착해 대안을 정하고 실행에 옮기는 것이므로 귀납적 사고를 주로 사용한다. 과학적 접근 방식을 취하고 있다는 뜻이다.

인과관계가 합당한가?

인과관계 분석도 논리 전개 방식에서 대단히 중요하다. 인과관계는 원인과 결과의 관계다. 전체적인 인과관계 파악은 상황을 정확히 파악해 해결책을 찾을 수 있게 한다. 하지만 인과관계가 왜곡돼 상황을 잘못 판단하면 결론도 엉뚱한 방향으로 흐른다.

대표적으로 인과관계를 상관관계로 착각하는 경우다. 기업이 생산성 향상을 위해 인원을 감축했다고 하자. 인력감축을 생산성 향상의 원인으로 파악한 것이다. 그러나 인력감축이 기업 성과와는 큰 상관이 없다는 연구 결과도 많다. 오히려 인력감축 후 시장이 호황일 때 심한 인력난을 겪을 수 있다. 둘 사이는 서로 관련성이 있는 상관관계이지 인과관계는 아니다. 코로나19와 기업실적 역시 상관관계다. 코로나19로 매출이 많이 떨어진 기업도 있지만, 반대로 코로나19가 매출을 크게 신장시킨 기업도 있다. 발이 크다고 무조건 도둑이 되지는 않는다.

어떤 결과의 원인을 잘못 해석할 때도 많다. 특히 그 원인이 눈에 보이지 않을 때 더욱 자주 발생한다. 갑자기 기업 매출이 눈에 띄게 증가했다고 하자. 그 원인을 기능 업데이트 같은 자사의 역량의 향상에만 찾는다면 오판할 수 있다. 어쩌면 경쟁사의 판매망에 문제가 생겨서 얻게 된 어부지리의 이득일지 모른다.

우연히 일어난 일을 원인과 결과로 바로 해석해버리면 안 된다. 아이스크림이 많이 팔릴수록 익사 사고가 자주 발생한다는 데이터가 있다고 하자. 정부 정책 담당자가 이 데이터를 보고 아이스크림 판매를 규제하는 정책을 시행한다면 어떻게 될까? 아이스크림이 많이 팔리는 이유는 더위다. 이 더위 때문에 사람들이 물놀이 하다 익사 사고가 자주 난다. 아이스크림이 익사 사고의 원인이라고 판단하면 소가 웃는다.

　원인과 결과를 뒤바꿔 생각할 때도 많다. 대학을 들어가서 돈을 많이 버는 것이 아니라, 돈이 많아서 대학에 들어갈 수도 있다. 매출이 올라 직원 사기가 오른 것이 아니라, 사기가 올라 매출이 오를 수도 있다. 전자를 믿으면 리더는 매출 올리기에만 급급할 것이다. 시간이 지날수록 직원의 사기는 오히려 떨어질 가능성이 크다.

── 비판적 사고를 위한 10가지 질문
●

　비판적 사고는 생각을 생각하는 힘이다. 생각하는 힘은 질문에서 나온다. 질문을 잘하는 사람이 생각도 깊다. 질문을 잘하는 사람이 걱정도 잘한다.

　'비판적 사고'라는 무기를 점검하고 반짝이도록 닦아보자. 아래 10가지 질문은 비판적 사고를 닦을 수 있는 훌륭한 도구다.[18]

　첫째, 이슈(문제)와 결론이 무엇인가?

　둘째, 이유는 무엇인가?

　셋째, 애매한 단어나 어구는 없는가?

　넷째, 숨겨진 가정(전제)은 무엇인가?

　다섯째, 추론에 오류는 없는가?

여섯째, 증거(근거)는 얼마나 탄탄한가?

일곱째, 결론을 이끄는 다른 원인은 없는가?

여덟째, 통계에 속임수는 없는가?

아홉째, 빠져있는 중요한 정보는 없는가?

열째, 다른 합당한 결론은 없는가?

앞의 4가지 질문이 정보의 '구조를 파악'할 수 있게 해준다면, 뒤의 6가지 질문은 '결론을 평가'할 수 있게 해준다.

구조를 파악하는 4가지 질문

먼저 항상 이슈와 결론이 무엇인지 파악하는 습관을 들여야 한다. 이슈란 '대화나 토론을 일으키는 문제나 논쟁거리'다. 불확실한 상황 때문에 기업은 항상 새로운 이슈에 직면한다. 이때 이 이슈가 정확히 무엇인지 파악하시 못하면 결론은 엉뚱하게 나기 마련이다. 회의나 협상을 할 때 이야기가 빙빙 맴돈다거나 아무리 토론해도 결론이 나지 않는 이유는 서로 생각하는 이슈가 다르기 때문이다. 이를 방지하기 위해서는 반드시 회의 전에 오늘 결론을 내려야 할 이슈(문제)에 대해 정확히 정의해야 한다. 그렇지 않으면 결론은 산으로 간다. 이슈도 종류가 있다. 정답을 요구하는 이슈가 있고, 골칫거리를 해결하는 차원의 이슈도 있지만, 대화와 타협을 통해 조정할 이슈도 있다. 대화와 타협을 통해 조정할 이슈를 정답을 내고자 달려들면 그 협상은 답이 없다. 이슈를 제대로 정의해야 결론이 옳은지 그른지 판단할 수 있다.

이슈(문제)를 파악하고 결론을 내렸다고 하자. 당연히 그 결론을 뒷받침하는 '이유'가 나와야 한다. 이 과정에서 서로 다르게 해석될 여지가 있는 애매한 단어나 어구들을 확인해야 한다. 회의 때 서로 말이 어긋나고 빙빙 맴도는 답답한 상황이 연출되는 이유 중 하나는 서로 다른 이슈를 가지고 이야기하거나, 같은 단어를 서로 다르게 해석해 사용하기 때문이다.

그 다음은 논리를 전개하는 과정에서 숨겨진 가정(전제, 믿음)이 무엇인지 확인해야 한다. 숨겨진 가정은 두 가지 종류가 있다. 세상은 어떤지를 설명하는 '기술 가정(descriptive assumption)'과 세상은 어떠해야 하는지를 판단하는 '가치 가정(value assumption)'이다. '미래는 다가오는 것이다'라는 기술 가정이 리더의 마음속 깊이 자리 잡았다면, 미래는 내가 어찌할 수 없으니 오로지 닥치는 일만 잘 대응하자고 생각할 수 있다. 이런 리더는 항상 수동적으로 문제를 대한다. 반면, '미래는 만드는 것이다'라는 가치 가정을 깊이 각인하고 있는 리더는 대부분 문제해결에 적극적으로 뛰어든다. '직원은 리더의 말에 복종해야 한다'라는 기술 가정을 마음속 깊이 지닌 리더는 직원이 말대꾸하면 싫어한다. 반면, '리더와 직원은 서로 도와야 한다'라는 가치 가정을 지닌 리더는 불황을 겪어도 인원 감축보다 더 나은 대안을 마련한다. 특정 이슈에 대해 대부분 주장의 이면에는 화자의 '가치 가정'이나 '기술 가정'이 깔려있다.

이 가정이 바뀌면 관점도 바뀌고 의사 결정도 바뀌며 회사의 미래도 바뀐다. 이 때문에 자신이 어떤 주장을 할 때 자신의 기술 가정과 가치 가정이 무엇인지 스스로 질문하는 습관은 대단히 중요하다. 이 4가지 질문을 통해 우리는 전체 정보에 대한 구조를 파악할 수 있다. 구조가 탄탄하다면 다음 질문으로 넘어간다.

결론을 평가하는 6가지 질문

결론을 뒷받침하는 이유 중 추론의 오류가 없는지 확인해야 한다. 추론의 오류는 종류가 많다. '성급한 일반화', '미끄러운 경사길', '허수아비 공격', '감정에 호소', '논점 선취' 등등이 그것이다. 앞에서 살펴본 상관관계를 인과관계로 해석하는 일이나 확증편향도 추론의 오류에 해당한다. 추론의 오류가 있는 주장을 채택하면 안 된다.

이유를 뒷받침하는 증서도 실펴봐야 한다. 그 증거가 얼마나 신뢰할 수 있는 출처에서 나왔고, 과학적인 근거가 있으며, 다양한 사례를 들 수 있는지를 보여주지 못하면 '가짜뉴스'에 휩쓸린다. 증거의 질적 수준이 높고 관련 사례가 많을수록 믿을만한 정보다.

다음으로 결론을 뒷받침하는 기존의 이유 대신 다른 이유가 있는지를 묻는다. '하나의 원인이 하나의 결과를 만든다'라는 기술 가정은 단선적이고 직선적 사고다. 얼마든지 다른 이유로 같은 결론에 도달할 수 있다. 다른 이유를 찾아낼수록 해당 정보의 신뢰성과 타당성에 의문을 제기할 수 있어 수준 높은 의사 결정이 가능하다.

이유를 뒷받침하는 증거 중 통계는 특히 잘 살펴야 한다. 통계는 숫자로 표현된 증거다. 하지만, 얼마든지 유리한 방향으로 통계는 조작할 수 있다. '세상에는 세 가지 거짓말이 있다. 거짓말, 새빨간 거짓말, 그리고 통계다'라는 마크 트웨인의 멋진 말도 있지 않은가.

빠져있는 중요한 정보도 있을 수 있다. 주장을 뒷받침하기 위해 유리한 정보만 취사선택해 논리를 전개하는 경우가 많아서다. 불리한 정보는 본능적으로 감추며 꺼내놓기를 꺼리는 법이다.

마지막으로 결론이 다르게 날 수도 있는지를 질문해야 한다. 같은 원인이지만 결론이 다르게 나올 수 있는 경우도 많다. 지방 경제를 활성화하기 위해 서울과 연결된 고속전철을 뚫는다고 하자. 고속전철이 생기면 지방 경제가 활성화될까? 꼭 그렇지만은 않다. 지방 사람들이 서울로 올라오는 횟수가 더 많아지면서 오히려 지방 경제가 침체될 수도 있다. 이처럼 같은 원인이라도 다른 결과가 나올 수 있다.

기업에서는 위 10가지 질문을 리더 혼자가 아닌 팀원과 함께 나누는 것이 훨씬 효과적이다. 단, 팀원들이 자유롭게 생각을 제시할 수 있는 환경을 만들어야 한다. 리더 눈치 보며 입맛에 맞는 의견을 내거나, 입을 꾹 닫고 있으면 오히려 부작용만 커진다. '발언 행동'이 자유롭게 쏟아지도록 만들어야 한다. 또한 같은 부서 팀원보다 다양한 팀에서 차출된 인원으로 팀을 구성하는 것이 좋다. 같은 경험과 사고방식을 공유한 팀원끼리는 자칫 '집단사고'로 빠지기 쉽다. 협력사나 관계사를 참여시키면 더욱 좋다. '집단지성'을 만들 수 있어 서다. 생각지 못한 새로운 관점과 문제해결의 실마리를 잡을 수 있을 것이다.

상황 파악 : 걱정 전략 2단계 ─────

●

자신의 걱정 스타일을 파악하고 통합적 사고력을 키웠다면 이제 통합적 사고를 통해 상황을 파악해야 한다. 먼저 내 상황부터 살펴보자. 내가 지금 불필요한 걱정을 하고 있지는 않은지, 하지 않아도 될 걱정까지 하고 있지는 않은지 점검해야 한다.

어떤 걱정을 하고 있나요?

최근 여러분이 하는 걱정을 2~3가지 떠올려보자. 어떤 일이 부정적인 결과로 이어질까 두려워 이런저런 생각을 떠올리고 있는가? 떠올렸으면 그 걱정을 적어두고, 아래의 두 가지 질문을 던지자.

첫째, 그 걱정은 내가 통제할 수 있는 걱정인가?
둘째, 그 걱정이 나(기업)의 성장에 절대적인 영향을 주는가?

첫 번째 질문은 내가 노력하면 일정 수준 이상의 영향력을 행사할 수 있는가에 관한 것이다. 아무리 노력해도 통제할 수 없는 일이 있기 마련이고, 100퍼센트는 아니지만 노력하기에 따라 어느 정도 상황을 통제 가능한 일도 있다. 코로나19 대유행은 기업이 아무리 노력해도 통제할 수 없는 사건이지만, 직원의 감염을 막는 일은 노력에 따라 100퍼센트는 아니더라도 일정 수준 이상 통제 가능한 것과 같다.

여기서 조심할 부분은 자신이 상황을 통제할 수 있다고 믿는 '통제력 착각(Illusion of Control)'에 빠지지 않는 일이다. 대표적으로 개미 투자자들이 이 함정에 많이 빠진다. 환율, 원자재 동향 등 경제 지식도 풍부하고, 투자 종목도 완벽히 파악한 투자자가 있다고 하자. 그는 자신이 고른 주식은 반드시 오를 것이라는 믿음으로 투자한다. 합리적인 투자 행위로 수익률을 통제할 수 있다고 믿는 것이다. 하지만 착각이다. 주식투자의 성공과 실패는 지식이 가르는 것이 아니다. 시장의 탐욕과 공포 그리고 기관 투자자들의 동향과 돌발 사건들에 의해 결정되는 경우가 대부분이다. 특히 성공 경험이 많고 자신을 추종하는 직원이 많은 리더일수록 통제력 착각을 조심해야 한다. 그들은 스스로 미래를 더 잘 예측한다고 생각하는 경향이 강하다. 하지만, 과거의 경험으로 미래를 통제할 수 있다는 생각은 자만이다. 미래를 속단하면 망하는 지름길이다.

두 번째 질문은 그 걱정이 기업의 성장에 얼마나 지대한 영향을 끼치는가에 관한 것이다. 여기서 '성장'이라는 개념이 중요하다. 예를 들어, 성장을 '최대한 돈을 많이 버는 것'으로 여기는 기업은 업종에 따라 성장이 다르다. 코로나19는 여행업계 성장에 치명적인 마이너스(-) 영향을 주지만, 아프면 가야 하는 병원의 성장에는 비교적 영향을 주지 않는다. 반면, '최대한 탄소 제로를 실현하는 것'을 성장으로 여기는 기업은 최근 화두인 'ESG 경영'이 회사의 성장에 지대한 플러스(+) 영향을 주지만, 코로나19로 인한 일시적 매출 하락은 회사의 성장에 지대한 영향을 주지 않는다. 다만 성장의 가치를 지나치게 '돈'에만 둔다면 경영 환경이 변할 때 제대로 대처하지 못할 가능성이 크다. 돈을 벌기 위해 무조건 돈 되는 사업에 뛰어든다면 회사가 어디로 흘러가겠는가? 또 돈을 벌기 위해 직원들을 달달 볶는 경영방식 역시 회사를 지속가능할 수 없게 한다.

걱정의 현재 상황 판별하기

이제 두 가지 질문을 이용해 '버려야 힐 걱정'과 '집중할 걱정'을 구분해보자.

"통제할 수 있는가?"

"성장에 영향을 주는가?"

먼저, 만약 특정 상황이 성장(매출)에 절대적인 영향을 미치는데 일정 수준 통제할 수 있는 부분이 있다면 '지금 당장 실행할 걱정'이다. 코로나19의 심각성을 간파한 글로벌 기업들은 재빨리 비상경영체제에 돌입해 임금삭감과 근무시간 단축 등을 통해 비용 절감에 나

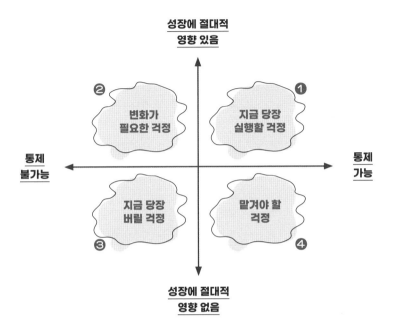

그림 6 : 걱정 판별하기

성장에 절대적
영향 있음

❷ 변화가
필요한 걱정

❶ 지금 당장
실행할 걱정

통제
불가능

통제
가능

❸ 지금 당장
버릴 걱정

❹ 맡겨야 할
걱정

성장에 절대적
영향 없음

섰다. 또한, 비대면 채널의 중요성이 부각되면서 빠르게 디지털트 랜스포메이션에 착수하고 신사업 발굴에 나섰다. '지금 당장 실행할 걱정' 전략에서는 '속도'가 중요하다. 통제할 수 없는 상황에 빠지기 전에 빠르게 움직여야 한다. '곧 코로나가 사라지겠지'라는 안일한 생각으로 버티면 시간이 흐를수록 더 큰 손해를 입어 회복 자체가 불가능할 수 있다. 통제할 수 있는 걱정은 즉시 실행해야 환경에 유 연하게 대응할 수 있다.

특정 상황이 성장(매출)에 지대한 영향을 주지만 기업이 거의 통제할 수 없는 상황이라면 '변화가 필요한 걱정'이다. 만일 실제 상황으로 닥치면 기업에게는 최악의 시나리오에 해당한다. '변화가 필요한 걱정'에는 신사업 진출과 구조조정 모두가 포함된다. 최근 LG는 대표사업이었던 스마트폰에서 과감히 철수했고, 국내 유명 대기업들의 간판 사업이 전기차, 배터리, 인공지능, 바이오 등으로 바뀌고 있다. 코로나19 대유행처럼 통제할 수 없고, 기업에 치명적 영향을 줄 때 기업들의 선택은 '비즈니스 리셋(Business Reset)'이다. CEO나 임직원들의 갑질 또는 비윤리적 행동이 인터넷에 퍼지는 것 또한 통제가 불가능하다. 기업의 성장에도 치명적이다. 흑자기업이 순식간에 적자기업으로 변한다. 기업이 형식적인 사과를 한다거나 회사 상표를 가리는 등의 얄팍한 속임수로 소비자를 기만하면 상황은 더 악화한다. 땜질식의 어설픈 변화는 긁어 부스럼이다. 이때의 걱정은 확실한 변화를 필요로 한다.

통제도 힘든데 성장에도 영향이 없다면 그 걱정은 말 그대로 쓰레기다. '지금 당장 버릴 걱정'이다. 새로운 제품 출시 날에 '비가 오면 어쩌나?'를 걱정하고 '어제 산 주식이 떨어지면 어쩌나?'와 같은 걱정이다. 날씨는 기업이 통제 불가능한 영역이고 비가 온다고 신제품이 팔리지 않는 것도 아니다. 비가 365일 오는 것도 아니다. 쓸데없는 걱정이다. 회사에서 리더가 어제 매수한 주식이 계속 떨어질까 안절부절못하면 이 걱정은 쓰레기 중의 쓰레기 걱정이다. '해외 출장 가는데 비행기가 추락하면 어쩌지?' 따위의 걱정은 제발 쓰레기 통에 버리자.

마지막으로 상황을 통제할 수는 있지만, 성장에 큰 영향이 없는 걱정이라면 '맡겨야 할 걱정'이다. 영업사원 한 명이 최근 매출이 저조하고 잦은 지각을 한다고 리더가 걱정한다고 생각해보라. 리더는 그 사원이 회사 분위기를 흐릴까 항상 노심초사한다. 이 걱정은 좋은 리더가 할 걱정이 아니다. 오히려 시간 낭비다. 이 걱정은 다른 사람에게 맡기는 게 낫다. 리더는 꼭 해야 할 걱정에 집중해야 한다.

결론은 리더가 버려야 할 걱정은 '지금 당장 버릴 걱정'과 '맡겨야 할 걱정'이고, '지금 당장 실행할 걱정'과 '변화가 필요한 걱정'이 리더가 짊어지고 갈 걱정이다.

── 3가지 시장 상황 파악 도구

●

내 상황을 파악하고 쓸모 없는 걱정을 버렸다면, 이제 시장 상황을 파악해보자. 이때 필요한 도구는 세 가지다. '인적 네트워크', '모니터링 팀', '변화를 읽는 기술'이다.

인적 네트워크

뉴스에서는 알 수 없는, 드러나지 않은 정보를 파악할 수 있는 '인적 네트워크'가 많아야 한다. 소위 '휴민트(HUMINT)'다. 삼성의 이건희 회장은 늘 "나는 임원들보다 시간이 있고, 많은 전문가를 안다"고 말했다. 미래의 위기와 기회를 포착하기 위해 전문가의 의견을 적극적으로 경청하고 공부했다. 이재용 삼성전자 부회장 역시 화려한 글로벌 인적 네트워크로 유명하다. 특히 그는 각국의 정상들과의 인맥 쌓기에도 적극적이다. 2019년 2월에는 무함마드 빈 자이드 알나하얀 아부다비 왕세자와 인맥을 쌓았고, 인도의 나렌드라 모디 총리와도 만났다. 5월에는 노무현 전 대통령 서거 10주년 추도식 참석차 한국을 방문한 부시 전 미국 대통령도 만났다. 또 방한한 사우디아라비아의 실세인 무함마드 빈 살만 왕세자를 삼성 영빈관에 초대했고, 인도 최대 재벌인 릴라이언스 그룹의 무케시 암바니 회장 자녀 결혼식까지 참석했다. 특히 이 결혼식은 비용만 1,130억 원이 소요된 초호화판 결혼식으로 이재용 부회장뿐 아니라 힐러리 클린턴 미국 전 국무장관부터 팝스타 비욘세까지 이름만 들어도 모두가 아는 유명인들이 대거 참석했다. 결혼식을 빙자한 초대형 글로벌 인적 네트워크의 장이었던 셈이다. 그 밖에 일본 소프트뱅크 손정의 회장, 팀 쿡 애플 CEO, 마크 저커버그 페이스북 CEO, 래리 페이지 구글 창업자, 사티아 나델라 MS CEO 등 정보통신기술 업계뿐 아니라 마르틴 빈터코른 전 폭스바겐 CEO, 제프리 이멀트 전 GE 회장 등 글로벌 자동차 업체 CEO들과도 친분이 닿아 있다. 경쟁사와 협력사 심지어 업종과 관계없는 인맥까지 가리지 않고 구축한 이 부회장의 화려한 인맥은 시장의 흐름을 읽고 위기와 기회를 포착하는 데 가장 중요한 원천이다.

모니터링 팀

다음으로 시장의 동향을 파악하는 '모니터링 팀'이 있어야 한다. 모니터링할 매체와 범위는 광범위해 개인 혼자 전체 시장의 흐름을 파악하기란 불가능하다. 개별 신문은 물론 네이버, 다음, 카카오, 유튜브, 페이스북, 트위터, 블로그 등 수없이 많은 매체에서 하루에도 홍수처럼 정보가 쏟아진다. 보통 모니터링을 하는 기업은 주로 회사와 관련된 정보를 100개~500개 정도의 키워드로 사전에 세팅해 놓는다. 하지만 이런 접근은 하루에도 수백 개가 넘는 정보가 쏟아져 나오기에 어떤 정보가 회사와 직접 관련된 정보인지 파악하기 힘들다. 아마존을 키워드로 지정했는데, 아마존 산림 파괴에 관한 뉴스가 나오는 식이다. 최소한 사회·문화(Social), 기술(Technology), 경제(Economy), 환경(Environment), 정치(Politics) 분야에 각 1명씩 배치해 키워드로 모은 정보를 선별하는 모니터링 팀을 두는 것이 효율적이다. 이를 앞글자를 각각 따서 'STEEP' 프레임이라고 한다. 이렇게 선별한 정보는 분류 작업을 거쳐야 한다. 단지 반짝하고 끝나는 일시적 현상(유행)인지, 최소 5년 이상 회사에 영향을 줄 트렌드(trend)인지, 아니면 최소 10년 이상 영향을 줄 메가트렌드(megatrend)인지를 파악한다. 유행에 해당하는 정보에 기업의 자원을 투입한다면 매우 위험하다. 제품이 출시되기도 전에 유행이 끝날 수도 있어서다. 최소 트렌드 이상의 정보가 기업 의사 결정의 기준이 되어야 한다. 트렌드 이상의 정보가 되려면 최소 해당 정보와 유사한 패턴이 다른 STEEP 영역에서도 나타나야 한다. 특히 트렌드가 될 수 있는 징후(signal)는 확실하게 포착하고 추적해야 한다. '이슈 트래킹(issue tracking)'이다. 징후를 포착하는 법은 과거에는 없었는데 새롭게 나타난 이슈들을 주목한다.

변화를 읽는 기술

마지막으로는 '변화를 읽는 기술'이다. 아무리 많은 인적 네트워크와 모니터링으로 개별 정보를 입수하고 분류해도 정보들 사이의 연관성, 패턴, 흐름을 읽지 못하면 앞으로 어떤 위협과 위기가 오고 무엇을 집중적으로 걱정할 것인지에 실마리를 잡기 어렵다. 구슬이 서 말이라도 꿰어야 보배다. '인적 네트워크'는 시장의 개별적 정보를 파악하는 데 유용하다면, '변화를 읽는 기술'은 시장의 통합적인 흐름을 파악해 위기를 피하고 기회를 잡도록 돕는다. 성공한 기업가들은 모두 시장의 변화를 읽는 데 매우 능숙하다.

삼성의 이병철 회장과 이건희 회장은 뛰어난 변화를 읽어내는 통찰력으로 유명했다. 1986년 이병철 회장은 반도체 불황 속에서도 용인 기흥 3라인을 건설하라는 지시를 내린다. 왜 이런 결정을 내렸을까? 1980년대에 NEC, 히타치, 도시바, 마쓰시타(현 파나소닉) 등 일본 기업들은 세계 반도체 회사 톱10 명단을 휩쓸었고, 1985년에는 반도체 시장의 주도권을 미국으로부터 완전히 뺏어와 시장점유율 1위를 달성했다. 인텔, 모토로라, 텍사스인스트루먼트 등 당시 점유율 1위였던 미국 반도체 기업들은 모두 대규모 해고와 공장 가동시간 단축이라는 심각한 피해를 입었다. 그런데 '도시바-콩스버트 스캔들'이라는 대형 사건이 터진다. 일본과 노르웨이 기업 이름을 각각 따서 설립한 이 회사는 1981~1984년에 거쳐 당시 금액으로 무려 1,700만 달러에 해당하는 컴퓨터제어식 공작기계를 소련에 몰래 팔다 발각된 것이다. 이 공작기계가 소련 잠수함의 프로펠러 소음 문제를 말끔히 해결해줄 수 있어 이 기술 유출은 소련과 군사적 대립각을 세우던 미국에게 치명적 위협이 됐다.

이병철 회장은 경제와 정치 분야에서 각각 발생한 두 가지 사건에서 곧 미국이 일본에 경제 보복을 감행할 것임을 읽어냈다. 두 사건 간 관계성을 파악한 것이다. 경쟁사의 타격은 삼성에 커다란 기회가 될 수 있음을 직감한 이 회장은 기회를 잃을까 걱정하며 즉시 기흥 3라인 공장 건설 지시를 내렸다. 예측대로 레이건 정부는 1985년 일본 반도체 업체의 덤핑 문제를 직권 조사하기 시작했고 1986년에는 미국산 반도체 수입 촉진을 강요하는 굴욕적인 '미일 반도체 협정'에 서명하게 했으며, 1987년에는 일본이 반도체 협정을 위반했다며 3억 달러에 달하는 손해 배상액을 청구했다. 또한, 컴퓨터와 TV, 전동 공구 등 일본의 주요 전자제품에 무려 100퍼센트의 보복 관세를 매겨버렸다. 그럼에도 일본의 반도체 기업의 성장세가 꺾이지 않자 급기야 1988년 일본 시장에서 외국산 반도체 점유율을 20퍼센트 이상으로 강제하는 2차 협정까지 체결하고 일본의 저가 반도체 수출까지 금지했다.

삼성이 대규모 투자를 단행한 이면에는 이런 변화의 흐름을 읽는 통찰이 숨어 있었다. 이병철 회장의 경제와 정치의 흐름을 읽는 눈이 오늘날 삼성 왕국의 밑거름이 된 것이다. 더 놀라운 것은, 이병철 회장의 반도체 설비 투자의 이면에는 당시 이사였던 이건희 회장의 통찰이 있었다는 사실이다. 이건희 회장은 1974년 'TV도 제대로 만들지 못하는데 반도체가 가능하겠느냐'라는 경영진의 반대에도 무릅쓰고 개인 재산을 털어 '한국 반도체' 지분 50퍼센트를 확보해 삼성전자가 반도체 사업에 진출할 수 있는 기틀을 마련했다. 이건희 회장의 통찰이 아니었으면 삼성전자는 오늘날 이런 위치에 오르지 못했을 것이다. 역시 그 아버지에 그 아들이다.

걱정을 위한 3가지 무기

제대로 된 걱정을 하려면, '다양한 인적 네트워크'와 '모니터링 팀' 그리고 '변화를 읽는 기술' 이 세 가지가 있어야 한다. 하지만 일반 기업이나 스타트업 기업에게 화려하고 다양한 인맥은 절대적인 시간과 노력이 필요한 일이다. 물론 방법은 있다. 그런 인맥을 가진 사람과 연결을 맺으면 된다. 네트워크상의 허브 역할을 하는 사람이다. 물론 쉽지 않고 운도 따라야 한다. 그래서 '성공하고 싶은' 기업이 지금 당장 집중해야 할 부분은 변화를 읽는 기술과 변화를 모니터링하는 팀을 구성하는 일이다. 인적 네트워크는 장기적 안목으로 리더가 적극적으로 만들어가야 할 영역이다. 변화를 읽는 기술로는 '시스템사고', '생태학적 사회구조분석', '시그널 싱킹' 등 여러 가지가 있지만, 여기에서는 변화를 읽는 기술 중 하나로 내가 개발한 'IMPOS 분석' 기법을 간략히 소개한다.

—— IMPOS로 미래 변화 읽기

●

IMPOS 기법을 사용하기 위해서는 먼저 '상황'에 대한 이해가 있어야 한다. 상황은 '나를 둘러싸고 나와 이해관계를 가지며 나의 생활과 직접적인 의미를 지니는 현실'이다. 지금 책을 읽고 있는 여러분은 어떤 장소에서 어떤 사람들 사이에 앉아 이 책의 특정 페이지를 읽고 있을 수 있다. 이것이 나의 상황이다. 변화를 세밀히 읽어내려면 이 상황을 몇 가지 요소로 나눠야 한다.

상황을 이루는 요소는 크게 5가지다. 'Information(정보)', 'Mankind(사람)', 'Place(장소)', 'Object(사물)', 'System(체계)'이 상황을 이룬다. 각 요소의 앞 단어를 따서 'IMPOS' 기법을 개발했다. 만일 여러분이 도서관에서 이 책을 보고 있다면, 도서관은 'P(장소)'에

표 1 : IMPOS 걱정분석법

시장 상황	I(정보)	M(사람)	P(장소)	O(사물)	S(체계)
소비자 변화					
경쟁사 변화					

해당하고 책은 'O(사물/상품)', 책 속의 텍스트는 'I(정보)', 주변 사람들은 'M(사람)'에 해당한다. 그리고 도서관 이용 규칙은 'S(시스템)'에 해당한다. 이 5가지 요소 중 하나라도 바뀌면 상황은 크게 바뀐다. 책을 도서관이 아닌 회사에서 본다고 하자. 이 책(O)과 책 속의 텍스트(I)를 제외하고는 나머지는 모두 변한다. 근무시간에 책을 보다 상사에 찍혀 승진에서 누락 당할 수도 있다. '나'와 '상황' 사이의 관계는 이렇게 변한다.

시장 상황을 분석할 때도 마찬가지다. '소비자'와 '시장 상황' 사이의 관계 변화를 살피면 '소비시장'의 변화를 알아차릴 수 있다. '경쟁사'와 '시장 상황' 사이의 관계 변화를 살피면 '경쟁시장'의 변화를 알아차릴 수 있다.

IMPOS 분석 틀을 통해 유통업계를 살펴보면 빠르게 변화의 흐름을 파악할 수 있다. 코로나19라는 거대한 변수가 시장을 강타하자 소비자와 IMPOS 요소들 관계가 변하기 시작했다. 집(P)에 머무는 시간이 늘어나면서 온라인 구매(S)가 급증했고, 가성비(I)를 찾아 소비자간 직거래 선호도(M)가 뚜렷해졌으며, 집안을 사무실이나 카페처럼 꾸미는 가구, 집 근처를 자유롭게 돌아다니는 패션 운동복, 건강 식자재 등(O)의 소비가 급증했다. 소비시장이 변하자 경쟁 시장도 바뀌기 시작했다. 경쟁사의 '라스트마일' 전쟁으로 '퀵 커머스' 서비스(O)가 등장했고, 빠른 배송 시스템 구축을 위해 로봇을 도입하거나 옴니채널 전략을 채택하는 등 디지털 변환(S)에 힘쓰기 시작했으며, 'VR 라이프센터'나 '라이브 커머스', '드라마 커머스' 등 ICT 기술을 통해 고객과 실시간 소통(I)을 나누기 시작했다. 소상공인들은 사람 없는 무인점포(P) 창업에 뛰어들었고, 대형 유통업체는 오프라인 매장을 보관과 '번쩍 배송'의 전초기지(P)로 바꾸고 있다.

'IMPOS 기법'의 이해를 돕기 위해 유통업계를 예를 들어 축약적으로 언급했지만, 다양한 부서와 파트너사들이 함께 이 기법으로 기업이 속한 시장을 분석한다면 변화의 흐름을 좀 더 풍부하고 세밀히 파악할 수 있다.

제5장

DO WORRY

걱정을 경영하라
_ 실행 단계

BE HAPPY

—— 목표 발견 : 걱정 전략 3단계

●

자신의 걱정 스타일을 점검하고 시장의 변화 상황을 파악했다면, 해야 할 핵심 걱정을 찾아야 한다. 그런데 걱정 자체가 '미래에 다가올 부정적인 상황'을 대상으로 하고 있기에 이때 필요한 것이 시나리오(Scenario)다. '시나리오'는 '미래에 발생할 수 있는 여러 가능성을 이야기 형태로 푼 것'이므로 시나리오 속에서 '걱정할 대상(목표)을 발견'할 수 있다.

일어날지도 모를 미래를 체계적으로 떠올리는 이런 과정을 통해 각각의 상황에서 최적의 대응전략을 준비할 수 있게 한다. 이것이 '시나리오 플래닝'이다. 시나리오 플래닝에서 구성한 상황별 문제는 곧 몰입 걱정의 대상이 되고 해결책을 찾게 하는 강력한 동기가 된다.

그림 8 : 시나리오 플래닝 과정

시나리오 플래닝

시나리오 플래닝은 현재 기업(개인)이 어떤 상황에 있고, 시간이 흐르면서 어떤 상황으로 이동하고 있는지 모니터링할 수 있게 한다. 계속 변하는 불확실성 이슈를 가지고 시나리오를 구성하기 때문이다. 또한 시나리오 플래닝은 이야기 형태를 통해 그럴듯한 미래를 기술하므로 실행의 원동력이 된다. 이야기는 이미지를 떠올리게 하므로 마치 미래에 와 있는 듯한 상상을 할 수 있다. 이 경험은 현재 문제점이 무엇이고, 앞으로 무엇을 준비해야 하는지에 대한 상황인식을 새롭게 재구성한다. 이런 인식의 변화가 있어야 이전과는 다른 행동을 이끌어낼 수 있는 것이다.

시나리오 플래닝에 걱정이라는 에너지를 쏟아부을 때 개인과 조직의 실행력은 더욱 강력해진다. 시나리오 플래닝은 걱정이라는 재료로 발생 가능한 시나리오(상황)를 구성해 대비함으로써 탁월한 성과를 만드는 작업인 셈이다.

시나리오를 만들려면, 먼저 2가지 불확실성 이슈를 선정해야 한다. 불확실성 이슈란 발생확률이 50퍼센트인 상황이므로 불확실성 이슈 1개에서 두 가지 미래를 만들 수 있고, 불확실성 이슈 2개에서는 네 가지 미래를 만들 수 있다. 이렇게 불확실성 이슈로 만든 시나리오는 기업(개인)에게 균형 있고 다양한 가능성의 미래를 파악할 수 있도록 돕는다. 주의할 점은 불확실성 이슈를 무엇으로 선택하느냐에 따라 시나리오가 크게 달라진다는 것이다. 불확실성 이슈를 고를 때 기준은 두 가지다.

  – 기업(개인)이 통제 불가능할 것
  – 기업(개인)에 강력한 영향을 미칠 것

이 기준은 앞에서 나온 〈그림6〉의 걱정 판별 중 '변화가 필요한 걱정'에 해당한다. 따라서 구성한 시나리오에 따라 기업은 반드시 변화를 이뤄낼 전략이 있어야 한다.

이 선정 기준을 가지고 현재 우리가 처한 현실에서 대표적인 불확실성 이슈 2가지를 뽑아보자.

대표적인 불확실성 이슈 2가지

첫 번째는 코로나19의 종식 시점이다.

전 세계를 강타하고 있는 코로나19 대유행은 2020년 12월 8일 영국에서 첫 백신 접종을 시작으로 미국과 캐나다에 이어 105개 국가에서 백신 접종이 진행되고 있다. 한때 76만 명대까지 치솟았던 전 세계 일일 확진자 수는 백신 접종 시작 후 줄기 시작해 2월 말에는 36만 명대까지 떨어졌으나 다시 확진자가 증가세를 보이며 3월 말에는 56만 명대를 기록했다. 거리 두기 완화 및 변이 바이러스의 확산 탓이다. 2021년 내에 종식될 것이라는 기대는 점점 사라지고 있고 백신 접종에 따른 집단 면역 가능성도 불투명한 상태다.

미국의 로셀 월렌스키 질병통제예방센터(CDC) 국장은 "변이 바이러스가 빠르게 확산되고 있어 자칫하면 우리가 이뤄온 모든 성과가 무위로 돌아갈 수 있다"고 말했다. 심지어 세계보건기구(WHO)의 마이크 라이언 긴급대응팀장은 "올해 말까지 바이러스를 잡을 수 있다고 생각하는 것은 섣부르고 비현실적"이라고 말한 바 있다. 게다가 2020년 6월 세계보건기구는 전 세계인이 이용할 수 있을 만큼 코로나19 백신이 보급되는 데 최소 2년 반이 걸릴 것으로 전망했다. 또 코로나19가 종식되더라도 바이러스 출현 주기가 짧아지면서 3년 이내 또 다른 신종 바이러스 출현 가능성이 크다는 과학자들의 의견도 많다. 따라서 코로나19 대유행이 3년 내 끝날지 3년 후에도 지속할지가 현재로서는 가장 큰 불확실성 이슈다. 코로나19 대유행의 종식 시점은 기업이 통제 불가능하고 기업의 성장에 치명적 영향을 주므로 불확실성 이슈의 충분 조건을 갖췄다.

두 번째는 미래형 인재 확보다.

최근 기업의 가장 큰 고민 중 하나는 이른바 '미래 먹거리'다. 4차 산업혁명의 회오리와 함께 코로나19 대유행은 기업에 큰 충격을 주었다. 이제 기업은 번영이 아니라 생존을 위해 새로운 먹거리를 찾아야 하는 절박한 상황이다. 이들 앞에 놓인 가장 큰 불확실성 이슈는 무엇일까? 앞에서 IMPOS 분석을 통해 유통업계의 변화를 살펴본 것처럼 기업은 퀵 커머스, 맞춤형 배달, VR 라이브 커머스, 드라마 커머스 등 고객의 시선을 사로잡는 서비스에 앞다퉈 뛰어들고 있다. 모두 시장의 변화를 읽는 능력과 뛰어난 기획력 그리고 고객을 끌어들이는 매력적인 서비스를 바탕으로 ICT(정보통신기술)와 로봇 기술을 활용해 만들어낸 서비스에 관한 것이다. 이를 가능하게 한 것은 무엇일까? 바로 '인재'다. 판이 바뀌면 규칙도 바뀐다. 산업의 판이 바뀌고 있으니 필요한 인재도 바뀌어야 한다. 미래형 인재는 변화의 흐름을 인식하며 콘텐츠와 네트워크를 끊임없이 확대 재생 산할 수 있는 능력이 있어야 한다.

앞으로 격동하는 변화의 시대에 '미래형 인재 보유 여부'는 그야말로 기업의 불확실성이다. 두말할 필요 없이 포스트 코로나 시대에는 미래형 인재를 보유한 기업과 없는 기업의 격차는 더욱 커진다. 불확실성의 조건인 '강한 영향력'과 '통제 불가능'의 차원에서 보면, 실력 있는 인재가 회사에 미치는 영향은 기업의 생존을 좌지우지할 만큼 강력하다. 브랜드와 자본력이 있는 대기업은 확률상으로는 좋은 인재를 끌어오기 유리하지만, 임금과 복지 등은 인재를 끌어올수 있는 조건일 뿐 직접적 원인은 아니다. 그렇기 때문에 기업이 원하는 미래형 인재를 확보하는 것이 사실상 통제 불가능하다는 점에서 '인재 확보 여부'는 큰 불확실성 이슈라 할 수 있다.

●

이제 두 개의 불확실성 이슈를 뽑았다. '코로나19 대유행 종식시점'과 '미래형 인재 확보 여부'다. 이 두 이슈를 가지고 2×2 시나리오를 구성해보면 다음과 같은 4가지 시나리오가 나온다.

(물론, 불확실성 이슈를 몇 개로 하느냐에 따라 시나리오 개수는 달라진다. 3개로 정하면 9개 시나리오, 4개로 정하면 16개의 시나리오가 나온다. 너무 많아도 너무 적어도 현실성이 떨어지므로 기업이 대응 가능한 시나리오 개수를 선택하면 된다. 시나리오를 도출하는 기법은 많지만, 이 책에서는 2개의 불확실성 요소로 4개의 시나리오를 만드는 법을 설명하겠다. 불확실성 이슈를 이용한 시나리오 기법은 미래예측 시나리오의 선구자 중 한 명인 피터 슈워츠(Peter Schwartz)가 설립한 글로벌비즈니스네트워크(GBN)에서 개발한 것이다.)

여기서 최악의 시나리오는 어디에 해당할까? 코로나19 대유행이 변이로 지속하거나 다른 신종바이러스가 반복해 출현해 대유행이 3년 이상 지속하고, 회사에 미래형 인재도 없는 2번 시나리오다. 시나리오의 역할은 이런 상황에 기업이 직면했을 때 어떤 일이 벌어질지를 머릿속에서 그려보고 지금부터 반드시 해야 할 걱정을 찾아 미리 대응책을 마련하는 데 있다.

그림 9 : 2개의 불확실성 이슈로 만든 4가지 시나리오

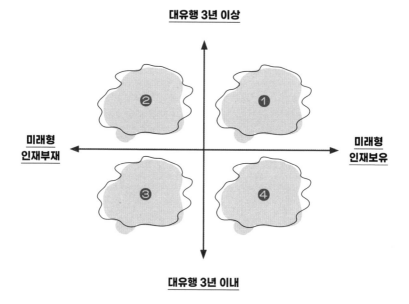

대유행 3년 이상

미래형 인재부재

미래형 인재보유

대유행 3년 이내

4가지 종류의 미래 ——

●

보통 미래라는 단어를 들으면 막연한 앞날을 떠올리기 마련이다. 그러나 시나리오를 효과적으로 활용하려면 먼저 '미래'에 대한 올바른 이해가 필요하다. 다음과 같이 구분되는 미래를 이해하고 각각의

미래를 활용하는 방법도 알아야 한다. 미래는 기본적으로 네 가지로 나눌 수 있다.

- 기본 미래 (plausible futures)

- 가능성의 미래 (possible futures)

- 뜻밖의 미래 (pop-up futures)

- 선호하는 미래 (preferred futures)

기본 미래

'기본 미래'는 '현재 구조가 변하지 않는다'는 전제조건을 먼저 깔고, 이때 발생 확률이 80퍼센트 이상이 되는 미래가 기본 미래다. 따라서 '정해진 미래'에 가깝다.

예를 들면, 저출산이 그것이다. 우리나라는 세계 최고 수준의 저출산 국가다. 지난해 합계출산율은 0.84명이다. 둘이 결혼해서 1명도 낳지 않는다는 뜻이다. OECD 국가 중 2013년 이후 2018년까지 6년 연속 꼴찌를 기록한 나라다. 앞으로는 더 심각하다. 전문가들은 2021년에는 0.7명대, 2022년에는 0.6명대로 계속 감소할 것으로 예상하고 있고, 통계청은 인구감소 시작 시기를 기존 2032년에서 2029년으로 3년이나 앞당겼다. 따라서 앞으로 10년 후에도 여전히 우리나라가 저출산 문제로 골머리를 앓을 것이라는 예측은 확실한 '기본 미래'에 해당한다.

시나리오 플래닝은 이 기본 미래를 배경으로 놓고 작업을 한다. 가장 변하지 않을 미래를 바탕으로 구성해야 신뢰도가 높은 시나리오를 만들 수 있기 때문이다.

가능성의 미래

'가능성의 미래'는 기본 미래처럼 확신할 수는 없지만, 실제로 발생할 가능성이 충분한 미래다. 확률로 따지면 대략 50퍼센트~80퍼센트 정도의 가능성을 가진 미래다.

남북통일에 대해 생각해보자. 언제가 될지는 모르지만, 오랜 기간 분단됐던 남북한이 어떤 형태로든 통일이 될 것이라는 예측은 많이 있고 어느 정도 실현 가능한 미래다. 실제로 2018년 세 차례나 성사된 남북정상회담은 통일이 절대 불가능하지는 않다는 것을 일깨워준 계기였다. 가능성의 미래는 우리가 자주 생각하는 미래이기도 하다. 회사가 구조조정을 하게 되면 직원들은 가능성의 미래를 생각하기 시작한다. 이직해서 새로운 직장을 갖게 되는 미래, 창업해서 사업을 하는 미래, 구직에 실패해서 계속 백수로 남아 있는 미래 등이다. 시나리오 플래닝에서 각 상황을 구성할 때 등장하는 미래가 바로 가능성의 미래다. 이 가능성의 미래를 통해 몰입할 걱정을 찾을 수 있다.

뜻밖의 미래

'뜻밖의 미래'는 말 그대로 전혀 예상하지 못했던 미래다. 발생가능성은 적지만 드물게 일어나기도 한다. 갑작스런 경제 붕괴나 금융위기 상황인 '블랙스완(Black Swan)'이 뜻밖의 미래다.

가능성의 미래에 관한 예시였던 남북통일과 회사의 구조조정에도 뜻밖의 미래가 존재한다. 만약 여러분이 오늘 이 책을 읽고 내일 아침에 일어나보니 갑자기 북한이 붕괴가 됐다는 뉴스가 떠들썩하게 모든 미디어를 도배한다. 또 내일 회사를 출근해 보니 사장이 사기 치고 잠적해 사무실이 텅텅 비었다. 이런 경우가 바로 뜻밖의 미래다. 9.11테러나 지금 전 세계를 강타한 코로나19 역시 뜻밖의 미래다.

그러나 뜻밖의 미래가 누구에게나 뜻밖인 것은 아니다. 중국은 코로나19 발생 1년 전에 이미 새로운 감염병 출현에 대한 가능성을 읽어냈다. 중국 우한 바이러스 연구소의 연구팀은 2019년 1월 29일 국제학술지 〈바이러스(Viruses)〉에 사스(SARS)나 메르스(MERS)와 같은 새로운 코로나바이러스의 출현 가능성과 더불어 '중국이 새 감염병의 유력한 핫스폿(거점)이 될 가능성이 크다'는 전망과 함께 대책 마련을 경고한 논문을 제출한 것이다. 중국 정부에게 코로나19 바이러스 출현은 '뜻밖의 미래'가 아닌 '가능성의 미래'였다. 당연히 중국 정부는 이에 대한 대응책을 마련했을 것이고 그 결과 21년 3월 현재 중국은 일간 코로나19 확진자 수가 해외 입국자 십여 명 안팎을 제외하고는 거의 제로에 가깝다. (물론, 중국의 통계에 대해 믿지 못하는 사람도 많다.) 우리가 가능성의 미래를 읽어내고 최악의 시나리오를 가정해 대비하는 것이 중요한 이유가 바로 여기에 있다.

선호하는 미래

마지막으로 '선호하는 미래'는 다른 미래와 달리 주체적이고 적극적인 개념이다. 내가 만들어가는 미래고, 만들어야 할 당위성이 있는 미래다. 비전의 미래라고도 한다.

선호하는 미래는 꿈, 비전, 목표, 목적이 있는 사람들이 보유한 미래로 기업가들이 꿈꾸는 미래이기도 하다. 그들은 미래를 바라보는 시각이 일반인과 다르다. '미래는 다가오는 것'이 아니라, '미래는 만드는 것'이라고 여긴다. 그래서 위험을 무릅쓰고 도전하고 실패하고 거기서 교훈을 얻어 또다시 도전한다.

시나리오 플래닝을 통한 경영에 능숙한 기업은 기본 미래와 가능성의 미래를 기반으로 미래를 대비하고, 뜻밖의 미래에서 기회를 찾는다. 커다란 위기 상황에서도 항상 돈 버는 기업이 있는 이유다. 이네 가지 미래가 품고 있는 의미를 좀 더 깊이 생각한다면 효과적이고 설득력 있는 시나리오 플래닝을 할 수 있다.

우리가 만드는 미래 시나리오의 바탕은 철저히 과거부터 진행되어 현재에도 발생하고 있고 앞으로도 발생할 흐름이 기본이 돼야 한다. 시나리오는 '기본 미래'를 근간으로 합리적 추론을 통해 만든 '가능성의 미래'로 구성해야 한다. 시나리오 구성 개념도 다음과 같다.

그림 10 : 시나리오 구성 개념도

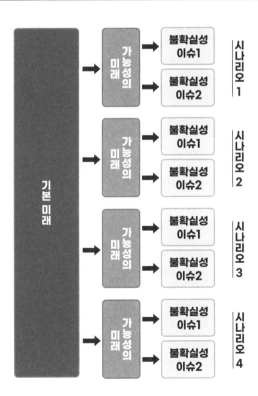

STEEP으로 알아보는 기본 미래

먼저 기본 미래부터 살펴보자. 기본 미래란 현재의 구조가 바뀌지 않으면 80퍼센트 이상의 확률로 다가올 미래라고 했다. 이때 예측 기준이 중요하다. 만약 100년 후라면 현재의 기본 미래는 당연히 바뀐다. 하지만 10년 이하라면 기본 미래는 쉽게 바뀌지 않는다. 따라서 예측 시점을 몇 년으로 잡느냐에 따라 시나리오는 변한다. 여기에서는 기본 미래는 10년을 기준으로 하겠다. 2030년까지 80퍼센트 이상의 확률로 발생할 미래다.

기본 미래를 구성할 때는 시중에 나와 있는 다양한 미래예측 및 트렌드 관련 책을 참고해 앞으로 10년간 바뀌지 않을 기본 미래 키워드를 STEEP 카테고리로 먼저 정리한다. STEEP은 사회적(Social) 분석, 기술적(Technological) 분석, 경제적(Economic) 분석, 생태적(Ecological) 분석, 정치적·법적(Political) 분석의 앞글자를 딴 거시환경 분류법으로 해당 분류에 속하는 10년 이상의 트렌드가 기본 미래를 이룬다. 각 STEEP별 대표적 키워드는 다음과 같다.

- **사회(Social)** : 저출산·초고령화 심화, 소비감소 지속, 국가채무·가계부채 증가, MZ세대 부상, 1인 가구 증가, 한류 지속
- **기술(Technological)** : 6G 인터넷 서비스 도입, 인공지능 고도화, 메타버스 확산, 실감 콘텐츠 활성화, 블록체인기술 활성화, 사물인터넷, 자율주행차, 로봇산업 급성장, 원격진료, 스마트 시티 활성화

- **경제·산업(Economic)** : 국가채무, 가계부채 지속증가, 금리 인상, 자영업 타격심화, 고용침체, 신흥국 금융위기, 디지털 전환 가속, 친환경 산업 활성화, 수소차 양산체계 구축, 수소 경제 인프라 구축 가속, 기업 글로벌 공급망 다각화, ESG 경영 대세
- **환경(Ecological)** : 신종 감염병 반복적 출현, 지구온난화 가속, 가뭄·폭염·폭우·폭설 등 기상이변 심화, 잦은 도시 재난피해 발생 등
- **정치(Political)** : 미중패권 갈등 지속, 국제 디지털세, 탄소세 도입 등

기본 미래 키워드들을 각각 살펴보면 앞으로 10년 우리의 앞날에는 곳곳에 험난한 암초가 도사리고 있음을 직관적으로 알 수 있다. 하지만, 그 속에서 역시 새로운 기회 또한 존재하는 것을 발견한다. 각 분야의 기본 미래 키워드를 조합해 앞으로 우리나라 10년의 통합 기본 미래를 구성해보자.

앞으로 10년, 한국의 기본 미래

먼저 저출산 지속이다. 2018년 기준 경제협력개발기구(OECD) 회원국 37개국 합계출산율 평균은 1.63명인데 반해 한국은 0.98명으로 유일하게 0명대였고, 2020년 0.84명으로 더욱 떨어져 역대 최저이자 세계 최저를 기록했다. 2024년에도 여전히 저출산 흐름은 바뀌지 않을 것이다. 출산율 저하는 인구감소로 이어진다. 2020년 12월 31일 기준 국내 주민등록 인구는 5,182만 9,023명으로 1년 전보

다 약 2만여 명 줄어들어 사상 처음으로 인구가 감소했다. 인구가 줄면 소비도 줄기 마련이다. 생산활동에 참여하는 인구가 감소하기 때문이다. 2018년 기준 한국의 GDP에서 민간소비가 차지하는 비중이 48퍼센트임을 고려하면, 순조롭게 경제가 성장하기를 기대하기는 어렵다.

저출산은 또 고령화를 가속한다. 전체인구가 줄어드니 65세 이상 비중이 빠르게 커져서다. 고령화 속도도 가장 빨라 2048년에는 OECD 국가 중 최고령 국가가 될 전망이다. 통계청에 따르면 2025년 한국은 65세 이상 인구가 전체의 20퍼센트를 차지하는 초고령화 사회로 진입한다. 5명 중 1명이 65세 이상이라는 의미다. 사회에 고령층이 많아지면 어떤 일이 생길까? 경제에 활력이 떨어지며 역시 소비가 줄어든다. 한국의 은퇴연령층은 청장년 시절보다 임금이 훨씬 낮을 뿐 아니라 66세 이상 은퇴 세대의 2명 중 1명이 노후 준비를 못한 빈곤층이다. 저출산과 초고령화가 쌍끌이로 한국의 경제를 짓누르고 있는 구조다.

초고령화는 또 연금 및 의료비 등 복지지출을 급증시킨다. 국민건강보험공단에 따르면, 2019년 인구의 14.5퍼센트(746만 명)인 65세 이상의 진료비가 전체 건강보험 진료비의 41.6퍼센트(35조 7,925억 원)를 차지했다. 2025년 이후면 연금 및 의료비 지출 속도는 더욱 빨라져 정부의 지출도 함께 늘 수밖에 없다. 이미 저출산과 고령화 대응에 정부가 쓴 돈만 2020년 기준 70조 원으로 앞으로 계속 늘어나야 한다. 코로나19 같은 신종 감염병도 앞으로 반복적으로 발생할 것이므로 보건의료 분야의 지출 또한 큰 폭으로 늘어날 예정이다. 가계의 소비는 줄고, 정부의 지출은 끊임없이 늘어나는 구조다.

그래서 대두되는 문제가 '국가채무'다. 일단, 채무증가속도가 너무 빠르다. GDP 대비 국가채무비율은 2004년 22.4퍼센트, 2011년 30.3퍼센트, 2020년 43.9퍼센트, 2021년 48.2퍼센트를 기록하고 2022년에는 52.3퍼센트로 예상된다. 그리고 2023년에는 56.1퍼센트, 2024년에는 59.7퍼센트로 60퍼센트대에 육박할 가능성이 크다.

그런데 채무비율 60퍼센트는 중요한 의미를 지닌다. 정부는 2020년 재정준칙 도입 추진 방안을 발표하면서 국가채무비율을 60퍼센트 이내로 관리하겠다고 밝혔다. 또 국제통화기금(IMF)은 2021년 1월 한국 정부와의 연례협의에서 정부가 제시한 국가채무비율 60퍼센트 선이 적절한 수준이라 평가했다. 국가채무비율 60퍼센트가 재정 건전성의 '암묵적 기준'이 된 것이다. 따라서 2024년 이후부터 정부가 경기부양책을 계속 사용하기는 어렵다. 국가채무를 줄이기 위한 관리를 하지 않고 채무비율이 60퍼센트를 넘기게 될 때 해외 투자자들은 한국의 재정 건전성에 대해 본격적인 의심을 시작할 것이다. 정부가 재정을 풀어 경기를 떠받칠 수 있는 최종 기한은 2024년까지고, 그 후로는 본격적인 긴축과 더불어 옥석 가리기가 시작된다는 뜻이다.

저출산, 초고령화, 국가채무 외에 우리 경제를 짓누르는 또 하나의 폭탄이 있다. 바로 '가계부채'다. 가계부채는 지난해 3분기 기준 1,941조 원으로 명목 GDP 대비 가계신용 비율이 101.1퍼센트로 국내총생산(GDP)을 넘어섰다. 작년 9개월 동안 국내 경제 주체가 생산한 총액보다 많은 금액을 가계가 빌린 것이다. 코로나19에 따른 생활 부채는 물론 아파트 구매 및 전세 수요가 급증해 신용대출이 많이 늘어난 탓이다. 가계부채가 늘어나면 어떻게 될까? 소득에서 세금과 연금, 보험료, 이자 비용 등을 제외한 소비가 실제 가능한 소득 즉 '처분가능소득'이 줄어든다. 가계부채 역시 경제를 짓누르는 강력한 힘인 것이다.

다가오는 대침체

저출산, 초고령화, 국가채무, 가계부채 증가 등 이 네 가지 힘의 흐름을 바꾸지 못하면 한국은 코로나19 대유행이 종식되더라도, 잠깐의 달콤한 상승기는 맛볼 수 있으나 결국 재침체를 피할 수 없다. 여기에 새로운 감염병의 반복적 출현이라는 기본 미래까지 더하면 어떻게 될까? 2024년 이내로 코로나19 대유행이 종식되더라도 '장기침체'는 피할 수 없다는 결론이 나온다. '미중 갈등 지속'이라는 기본 미래까지 더해지면 한층 더 깊은 장기침체에 빠질 가능성이 크다. 중국 수출 비중이 25퍼센트에 육박하는 한국으로서는 미중 무역 관계에 따라 경제적 영향을 크게 받아서다. 미국과 중국은 지금

패권을 놓고 전쟁 중이며, 어느 한쪽이 패하기 전까지는 이 싸움은 절대 끝나지 않는다. 이렇게 사회, 경제, 환경, 정치 분야의 기본 미래 키워드를 조합하면 앞으로 10년간은 '장기침체'라는 선명한 기본 미래가 나타난다. 불확실성이 지속되는 상황에서 앞으로 한국은 '장기 저성장 변동성 시대'를 피할 수 없다. 경기침체가 이어지는 가운데 예기치 못한 사건의 연속으로 회복될 듯하다 침체에 빠지고, 회복될 듯하다 또다시 침체에 빠지는 일이 반복될 것이다.

이 기본 미래를 바탕 삼아 지금부터 4가지 가능성의 미래 시나리오를 구체화하고 몰입할 걱정을 찾아보자. 앞에서 코로나19 종식 여부의 기준을 3년으로 잡았으므로 네 가지 시나리오 기준 역시 3년인 2024년으로 잡아 2024년 이전과 이후로 구분하겠다.
이제 각각의 시나리오에 대해 살펴보자.

—— '마지막 탈출 기회' 시나리오

이 시나리오는 코로나19가 2024년 이내로 종식되지만, 기업과 조직에 미래형 인재가 없는 상황을 가정한다.
만약 3년 이내로 코로나19가 종식된다면, 그간 억눌려 있던 소비가 폭발하는 '보복 소비'와 2024년까지 이어질 정부의 경기 부양책이 맞물리며 단기간 반짝 경기 상승을 기대할 수 있다. 특히 2024년 4월에는 제22대 국회의원 선거가 열린다. 따라서 국가채무비율이 60퍼센트에 육박해도 유권자 표심을 의식해 확장적 재정정책을 유지할 가능성도 있다. 이 경우 글로벌 신용평가회사는 대한민국의 신용등급을 강등할 가능성이 크다. 이미 세계 3대 신용평가사인 피치, 무디스, 스탠더드앤드푸어스(S&P)는 2020년 IMF 기준 선진국 20개국 가운데 부채비율 상승폭이 큰 10개국의 신용등급 또는 전망을 하향 조정한 바 있다. 특히 경제성장률과 재정 건전성은 해외투자기관이 가장 중시하는 요인이다. 미국 연방준비제도이사회(FRB)에서 10년 동안 근무했던 통화정책 전문가 김진일 고려대 경제학과 교수는 2021년 2월 한 국내 언론사와의 인터뷰에서 2024년 국가채무비율이 60퍼센트를 넘을 것 같은데 '우리 경제가 감당할 수 있는가?'라는 질문에 다음과 같이 답했다.

"외국인이 자금을 빼려고 할 때 가장 유심히 살피는 요소가 성장률과 재정건전성이다. 한국의 재정건전성 지표가 빠르게 악화하는 것은 바람직하지 않다."

2024년을 기점으로 해외 투자자가 빠져나갈 수도 있음을 암시한 것이다. 국가채무비율이 60퍼센트 이하로 관리되더라도 미국과 유럽 등 선진국들이 국내보다 더 빠른 회복세를 보일 때도 문제가 생길 수 있다. 투자자들이 한국에 묻어뒀던 자금을 회수해 경제 회복이 빠른 나라에 투자할 것이기 때문이다. 수익률이 더 높고 안정적인 국가에 투자하는 것은 투자의 정석이다.

선진국의 빠른 경제 회복세로 투자금이 빠져나가면 어떤 일이 생길까? 달러가 빠지면서 달러 가치는 상승하고 원화 가치는 하락한다. 원화가치 하락은 수입물가를 올려 물가상승을 자극한다. 미국과 유럽 등 선진국 경제 회복속도가 빠를수록 유가와 원자재 가격도 덩달아 뛰기 시작한다. 이미 2021년 3월 현재 유가와 국제 원자재 가격이 크게 상승하고 있다. 미국의 경제 회복 기대감에서다. 환율 상승에 유가 및 원자재 가격까지 오르니 수입물가 상승은 불가피하다. 여기에 극심한 기상이변과 조류독감(AI)과 같은 감염병으로 농축산물 가격도 계속 상승 압력을 받을 가능성이 크다. 따라서 국내는 고물가, 경기침체라는 고통스러운 '스태그플레이션(stagflation)'에 진입할 가능성도 있다. 이 상황이 되면 한국은행도 물가 안정을 위해 금리 인상에 대한 압박을 강하게 받는다. 하지만, 금리를 올리기도 쉽지 않다. 금리를 인상하면 2,000조 원에 육박하는 빚을 가진 가계와 3년 연속 영업이익으로 이자 비용조차 감당하지 못하는 한계기업 소위, '좀비 기업'들이 큰 타격을 받기 때문이다. 2020년 10월 한국은행이 발표한 '2019년 기업경영분석'에 따르면 이자 비용이 없는 기업을 제외한 기업의 36.6퍼센트는 이자보상비율이 100퍼센트 미만으로 조사됐다. 쉽게 풀이하면 은행권 대출 1,000개 기업 중 366개 기업이 돈을 벌어 이자도 못 갚고 있다는 뜻이다. 하지만 이 수치는 코로나19 발생 이전이다. 2020년과 2021년은 코로나19로

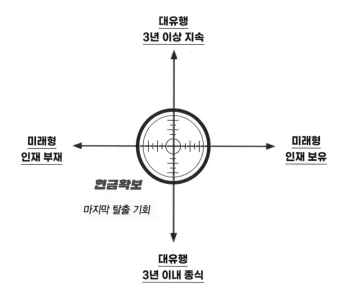

그림 11 : 마지막 탈출 기회 시나리오에서 해야 할 핵심 걱정

대유행
3년 이상 지속

미래형
인재 부재

미래형
인재 보유

현금확보

마지막 탈출 기회

대유행
3년 이내 종식

매출이 더욱 떨어져 좀비 기업이 무섭게 늘 가능성이 크다. 오죽하면 2020년 12월 〈월스트리트저널(WSJ)〉이 영화 〈부산행〉과 넷플릭스 드라마 〈킹덤〉 같은 한국판 좀비물보다 한국판 좀비 기업 문제가 더 무서운 수준이라 꼬집었을까. 여기에 2024년 총선을 앞둔 정치권이 가계와 한계기업에 치명적인 금리 인상을 한국은행이 강행하도록 놔두지 않을 것이다.

결국, 이 시나리오에서 발생 가능한 미래 중 하나는 '스태그플레이션 위협'이다. 따라서 현재 자금적으로 어려움을 겪고 있는 기업이라면, 앞으로 3년은 고통스러운 터널에서 탈출할 수 있는 마지막 기회가 될 것이다. 이 시나리오의 이름이 '마지막 탈출 기회'인 이유다. 만약 2022년 안으로 코로나19 대유행이 상당 부분 진정된다면, 반짝 경기 상승세가 시작된다. 이때를 이용해 최대한 현금확보에 집중한 후 미래형 사업으로 전환해야 한다. 앞으로 살펴보겠지만, 2024년 이후에는 지금과는 시장이 크게 달라질 것이다.

따라서 '마지막 탈출 기회' 시나리오에서 기업이 집중할 가장 큰 걱정은 바로 '현금 확보' 실패 상황이다. 현금을 확보해야 사업모델을 새롭게 정비해 출발할 시간을 벌 것 아닌가. 설사 지금 자금 여력이 있는 기업이라도 '현금 확보' 걱정은 반드시 해야 한다. 잠깐 매출이 오른다고 방심해서도 안 된다. 언제 어디서 '블랙 스완(black swan)'을 만나 '뜻밖의 미래'를 경험하게 할지 모른다. 악전고투 속에 간신히 매출을 회복하더라도 방심해선 안 된다. 또다시 변동성이라는 무시무시한 녀석이 달려들 것이다. 자금 여력이 있는 기업이라도 사업의 방향을 미래형으로 바꾸지 않으면 이렇게 몇 번을 버티다 결국 서서히 무너지게 될 가능성이 크다. 이것이 가능성의 미래다.

—— '마지막 퀀텀 점프 기회' 시나리오
●

코로나19 대유행이 3년 내로 종식되고, 미래형 인재를 회사가 보유한 상황이라면 어떤 미래가 펼쳐질까?

이 시나리오에서 주목할 기본 미래는 'MZ세대의 부상'과 '디지털 전환'이다. 특히 MZ세대의 부상은 눈여겨봐야 한다. 현재 가장 큰 소비층을 형성하고 있고, 전체 기업 구성원의 60퍼센트를 차지할 정도로 주된 소득층이다. 또 베이비부머 세대가 디지털 이전 세대고, X세대가 디지털 체험 세대라면, 이들은 디지털에 무척 친숙하거나 태어날 때부터 디지털과 함께한 소위 '디지털 네이티브' 세대다.

이들의 시장 영향력은 코로나19 대유행으로 비대면 생활이 일상화하면서 한층 빠르게 커졌다. 이런 이유로 시간과 공간의 제약이 사라진 글로벌시장에서 앞으로 MZ세대의 부상에 주목하지 않으면, 새로운 기회를 잡을 수 없고 시장에서 도태될 것임은 두말할 나위가 없다.

'MZ세대의 부상'과 연관된 '메타버스(metaverse) 확산'도 주목할 만한 기본 미래 키워드다. 메타버스란 초월, 변화의 뜻인 'meta'와 세계, 우주의 뜻인 'universe'가 결합한 용어로 단순한 가상세계를 넘어 아바타를 통해 소셜 활동까지 포함한 세계를 의미한다.

최근 5G 등장으로 전송속도가 엄청나게 빨라지고 HMD(머리 착용 디스플레이) 등 관련 하드웨어의 실시간 연산 처리 속도가 크게 높아지면서 가상세계의 현실감이 높아지자 메타버스가 MZ 세대에게 큰 주목을 받고 있다. 그들은 메타버스 안에서 자신만의 개성과 특징을 담은 아바타를 만들고 현실 세계에서 하는 모든 것들을 가상세계로 구현하며 다른 아바타들과 상호작용을 하며 소셜 네트워킹을 한다.

메타버스를 가장 많이 활용하고 있는 곳은 게임산업이다. 특히 미국 10대에게 폭발적 인기를 끌고 있는 게임유통 플랫폼이 있다. 바로 〈로블록스(Roblox)〉다. 아바타로 구현된 개개인이 〈로블록스〉가 제공한 개발 툴로 직접 게임도 제작하고 유통한다. 무려 2,000만 개 이상의 게임이 유통되고 있는데 대부분이 10대가 만든 게임들이다. 놀라운 것은 이곳에서 게임을 만들어 직접 판매를 해 매월 25만 달러(약 2억 8,000만 원)를 벌어들이는 10대도 있다는 사실이다. 〈로블록스〉는 단순히 게임유통 플랫폼에 그치지 않는다. 대화하거나 생일파티 등 이벤트를 열어 이용자 간 친목 다지기도 하고, 학교와 놀이동산도 만들 수 있다. 2020년 한 해 동안 일간 활성 사용자는 3,260만 명, 연간 이용시간은 306억 시간, 월 사용시간은 총 5,150만 시간으로 유튜브(1,940만 시간)보다 무려 2.5배나 많은 시간을 〈로블록스〉에서 보냈다.[19] 2021년 3월 10일 〈로블록스〉는 미국 뉴욕증권거래소에 상장했는데 상장 직후 시가총액은 380억 달러(약 43조 원)에 달했다.

그 밖에 마이크로소프트의 〈마인크래프트〉, 닌텐도의 〈동물의 숲〉도 메타버스 비즈니스에 집중하고 있다. 네이버의 〈제페토〉도 글로벌 시장을 공략하고 있으며 하이브나 SM, JYP 같은 엔터테인먼트 회사가 메타버스에 큰 관심을 기울이며 많은 투자를 하고 있다.

'마지막 퀀텀점프 기회' 시나리오에서 주목할 또 다른 기본 미래는

'디지털 전환 가속화'다. 디지털 전환은 디지털 기술을 비즈니스의 모든 측면에 통합하는 과정이다. 따라서 기존 체제와는 다른 기술, 문화, 운영, 가치 제공에서 근본적인 변화가 일어난다. 코로나19 대유행 전부터 이미 디지털 전환은 기업의 핵심 관심사였다. 불확실성이 정상인 시대에는 새로운 환경(소비자의 새로운 걱정과 욕구)에 끊임없이 기업의 시스템을 적응시키고 대응할 수 있어야 살아남는다. 디지털 전환이 이를 가능케 한다. 코로나19 대유행은 디지털 전환에 가속도를 붙였을 뿐이다.

디지털 전환의 핵심에는 'DNA'가 있다. '데이터(Data), 네트워크(Network), 인공지능(AI)'이 그것이다. 데이터는 곧 정보고 수많은 데이터를 인공지능을 이용해 분석하고, 네트워크를 통해 통제하는 과정에서 기업은 상황의 변화에 빠르게 대응할 수 있다. 여기에 사물인터넷(IoT)과 블록체인(Block chain) 및 양자암호통신과 같은 기술이 접목되면 플랫폼이 만들어지고, 신에너지가 플랫폼 동력을 제공하게 되면 3년 내 갖가지 새로운 메타버스 플랫폼이 탄생할 가능성이 크다. 말 그대로 신성장동력이다. 따라서 기업 내 인공지능 전문가, 네트워크 전문가, 데이터 분석 전문가, 보안 전문가 등 뛰어난 개발능력과 학습능력을 가진 인재가 있다면 얼마든지 아이디어를 현실화시켜 고객의 시선을 끌 수 있다. 물론 디지털 전환이 절대 쉬운 일은 아니다. 디지털 전환을 위해서는 인공지능, 사물인터넷, 가상·증강현실, 자율주행, 로봇, 블록체인, 3D 프린팅, 5G 인터넷, 빅데이터 분석 등 수많은 기술을 융복합해야 한다. 개별 기업이 혼자만의 힘으로 디지털 전환을 이루기는 어렵다. 따라서 앞으로 클라우드 기반의 디지털 전환 솔루션이 많이 쏟아져 나오게 될 것이다.

'MZ세대의 부상', '메타버스 확산' 그리고 '디지털 전환' 이 세 가지 기본 미래 키워드를 조합하면 어떤 미래가 나타날까? 바로 '메타버스 속 MZ세대 부상'이라는 통합 기본 미래다. 이제 상상력을 발휘해보자. 홈트와 홈쿡처럼 운동과 요리만 집에서 할 수 있을까? 메타버스 안에서 춤도 추고, 여행과 콘서트도 즐기고, 진료도 받고, 자전거도 타고, 복싱, 야구, 축구 등 온갖 스포츠도 할 수 있지 않을까? 이런 활동에 인공지능과 연결된 VR과 AR 기술을 활용해 놀라움과 흥미를 선사할 수 있는 콘텐츠는 없을까? 전 세계 친구들과 게임처럼 경쟁하고 랭킹을 매기고 보상을 하면 어떨까? 아바타를 이용해 가상의 그래미 시상식에 초대한 후 공연을 할 수 있게 해주면 어떨까? 교육과 연관시켜 개발할 수는 없을까? 나 대신 아바타가 24시간 돈을 벌어오게 할 방법은 없을까? 이런 상품과 서비스를 구독형 서비스로 제공하면 어떨까? 수없이 많은 가능성의 미래가 펼쳐진다.

하지만 이를 현실화하기 위해서는 '디지털 전환'이 필수다. BTS를 배출한 하이브(과거 빅히트엔터테인먼트)는 초창기 유튜브 플랫폼을 활용했다. 하지만 하이브는 이제 디지털 기업으로 빠르게 전환하고 있다. 2020년 코로나19 대유행으로 온라인에서 열린 BTS 콘서트는 10월 10일과 11일 이틀에 걸쳐 약 100만 명의 글로벌 팬을 모았다.

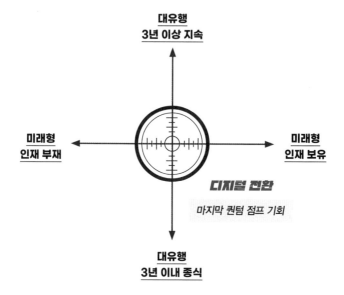

그림 12 : 마지막 퀀텀 점프 기회 시나리오에서 해야 할 핵심결정

대유행
3년 이상 지속

미래형
인재 부재

미래형
인재 보유

디지털 전환
마지막 퀀텀 점프 기회

대유행
3년 이내 종식

유튜브 플랫폼이 아닌 자체 플랫폼 '위버스'에서다. 이 콘서트를 위해 미국 라이브 스트리밍 솔루션 기업 키스위모바일(Kiswe Mobile)과도 손을 잡았다. 그리고 팬들이 어떤 장면에서 열광하고 어떤 콘텐츠를 소비했는지 등의 데이터를 수집해 팬들의 성향과 소비 패턴을 파악했다. 하이브는 이제 단순한 엔터테인먼트 기업이 아닌 명실상부 디지털 기업으로 변신한 것이다.

기업은 디지털 전환을 서둘러야 한다. 현실세계보다 가상세계에서 더 많은 상호작용을 하며 흥미와 놀라움 그리고 의미를 소비하는

MZ세대를 놓치지 않으려면 그들을 맞이할 준비가 되어 있어야 한다. '메타버스(meta-verse)'에 올라타지 못하면 기다리는 것은 지금의 '현실버스(real-verse)'뿐이다. 장기 저성장 변동성 시장이라는 험난한 돌밭 길을 달려야 한다. 이 시나리오의 이름이 '마지막 퀀텀 점프 기회'인 이유다.

앞으로 3년 내 디지털 전환을 이루지 못하면 기업은 기하급수적 하락에 직면할 수 있다. 경쟁사가 메타버스에 올라타 기하급수적 성장으로 시장을 삼킬 것이기 때문이다. 특히 모든 것이 연결되며 점점 유기체처럼 변하는 시장에서는 선점 효과가 그 무엇보다 중요하다. 선점 효과는 연결이 또 다른 연결을 부르는 '네트워크 효과'를 극대화한다. 네트워크 효과는 시간이 흐를수록 강력해져 일정 시점(티핑 포인트)을 지나면 폭발적으로 성장하는 기하급수적 변화를 가져온다. 회사가 아닌 고객이 서로 연결하며 회사를 성장시키기 때문이다. 그래서 초기에 시장을 선점하지 못하면 후발 주자는 따라잡기가 거의 불가능하다.

따라서 이 시나리오에 직면할 기업이 가장 몰입해야 할 걱정은 바로 '디지털 전환'이다. 아무리 경기가 반짝 상승하고 미래형 인재가 있다 하더라도 디지털 전환이 되지 않으면 메타버스에서 활동할 MZ세대의 이목을 끌 수 없다. 물론 인재의 고군분투로 현실버스에서 일정 수준의 매출은 올리겠지만, 치열한 포화 시장에서 악전고투하다 결국 인재마저 서서히 회사를 떠나고 말 것이다. 인재가 떠난

후에는 '끝없는 암흑 터널' 시나리오에 빠지게 될 것이다.

'끝없는 암흑 터널' 시나리오 ——

●

이 시나리오는 코로나19가 2024년 이후에도 풍토병으로 정착하거나 신종 감염병이 3~4년 간격으로 반복되고, 기업과 조직에 미래형 인재를 보유하지 못한 상황을 가정한다. 이 시나리오에서 주목해야 할 기본 미래 키워드는 '신종 감염병 반복적 출현'과 '미국의 금리인상'이다.

앞으로 10년 이내 신종 감염병 출현은 거의 '정해진 미래'다. 인류를 위협한 강력한 감염병은 20세기 이전에는 천연두, 흑사병 등이 있었고 20세기에 들어서는 1918년 인플루엔자 대유행(스페인독감), 1968년 인플루엔자 대유행(홍콩독감), 21세기에는 2009년 신종인플루엔자 대유행이 있었고 현재 진행 중인 2019년 코로나19가 있다. 특히 2000년대에 들어서면서 빠르게 진압은 됐지만 2003년 사스(SARS), 2012년 메르스(MERS) 등이 있었고 코로나19도 변이형이 계속 출현하는 등 신종 감염병 출현주기가 점점 빨라지고 있다.

왜 주기가 빨라지고 있을까? 근본적인 이유는 인류의 생태계 파괴 때문이다. 바이러스는 서로 다른 종의 동물 간 접촉이 빈번해 바이러스 간 뒤섞임이 일어나고, 이런 동물들과 사람과의 접촉까지 늘어날 때 대유행을 일으킬 가능성이 크다. 즉, 중국 우한시장처럼 각종 가축과 야생 박쥐와 같은 포획한 야생동물 그리고 사람이 뒤섞여 있는 곳일수록 새로운 바이러스가 출현하기 쉽다는 뜻이다. 또 전세계 인구 증가로 생활 공간과 식량 자원에 대한 수요가 폭발하면서 벌목 등 각종 난개발과 농축산물 대량생산으로 생태계가 파괴된다. 해당 지역에 평화롭게 살던 야생동물들은 서식지에서 쫓겨나 살아 남기 위해 인간의 생활 공간에 침범하게 되고 자연스럽게 가축과의 접촉이 늘어나 새로운 바이러스가 탄생할 여건을 만드는 것이다. 대표적 사례가 아프리카에서 나타난 에볼라 바이러스와 에이즈 바이러스 등이다.

2020년 11월 말에 나온 유엔 산하기관인 IPBES(생물 다양성 및 생태계 서비스에 관한 정부 간 과학·정책 플랫폼) 보고서에 따르면 현재 지구상 생물체 속에 약 170만 개에 달하는 아직 발견되지 않은 바이러스가 살고 있을 것으로 추정하고 있고, 생태계 파괴로 야생 동물에서 인간으로 옮겨올 가능성이 있는 바이러스의 수만 82만 7,000개에 달할 것으로 추산하고 있다.[20]

앞으로 10년 이내 코로나19와 같은 신종 감염병의 출현은 기본 미래로 보고 대비해야 한다. 단지 몇 년 간격으로 나타날지, 또 얼마나 지속할지가 불확실할 뿐이다. 만약 2024년 이후에도 코로나19 변이 바이러스가 계속 나타나거나 신종 감염병이 3~4년 주기로 나타나 코로나 바이러스와 함께 사는 사회가 되고, 회사에 미래형 인재도 없다면 이 상황은 기업에게 최악의 시나리오가 된다.

더불어 2024년 이후에는 미국 FRB(연방준비제도)가 금리를 인상할 가능성이 크다. FRB는 이미 2023년까지 '제로(0) 금리'를 유지하겠다고 공언했고,[21] 물가상승률이 당분간 2퍼센트를 넘어도 기준금리를 올리지 않겠다고 했기 때문이다.[22] 미국 경제가 회복돼 물가가 오르더라도 급격한 상승만 없다면 당분간 용인하겠다는 뜻이다.

미국의 금리 인상이 왜 중요할까? 금리는 '돈값'이다. 돈값이 오른다는 것은, 돈을 빌린 사람들에게는 '지출할 이자가 늘어난다'는 뜻이고, 투자한 사람들에게는 '수익이 올라간다'는 뜻이다. 따라서 금리가 낮은 나라에 투자한 투자자는 금리가 높은 나라로 투자금을 옮기게 된다.

2021년 3월 현재 미국의 기준금리는 연 0~0.25퍼센트고 한국의 기준금리는 0.5퍼센트다. 미국보다 한국의 기준금리가 더 높아 아직은 투자금이 빠져나갈 걱정은 없다. 하지만, 미국이 본격적인 경제 회복세를 보이고 빠르게 금리를 인상해 한국의 금리를 앞서나가기 시작한다면 조심해야 한다. 실제로 2018년 3월 미국은 기준금리를 1.25~1.50퍼센트에서 1.50~1.75퍼센트로 변경하면서 1.5퍼센트였던 한국의 기준금리를 추월한 후, 2018년 9월에는 기준금리를 2.00~2.25퍼센트까지 올렸다. 당시에는 다행히 급격한 자본유출은 없었지만 미래도 같은 결과를 기대하기는 어려울 것이다.

문제는 국제 금융시장 불안이나 국내 경제의 취약요인이 한꺼번에 만날 때 생긴다. 2024년 이후 미국이 금리 인상을 시작하면 가장 먼저 타격을 받을 곳은 아르헨티나, 터키, 브라질, 남아프리카공화국 등 금융이 취약한 신흥국들이다. 이들 신흥국 역시 코로나19 대유행 여파로 기준금리를 브라질 2퍼센트, 남아공 3.5퍼센트 등 역대 최저치로 내리고 시장에 자금을 대규모로 풀면서 부채가 눈덩이처럼 불었다. 이들 금융 취약 신흥국에서 금융위기가 발생하면 같은 신흥국 취급을 받는 한국 역시 투자자들이 경고의 눈으로 쳐다보기 시작할 것이다. 게다가 한국은 내부적으로 국가채무와 재정건정성 위협을 받고 있다. 이 경우 국내에 투자한 해외자본은 썰물처럼 빠질 가능성이 크다.

이런 상황에 더해서 '신종 감염병 반복적 출현'이 지속되면 어떤 미래가 펼쳐질까? 먼저 해외 신용평가사들은 한국의 신용등급을 낮출 것이다. 해외 투자자는 한국에 투자할 돈은 다른 곳으로 돌리고, 투자한 돈은 빼갈 것이다. 한국에서 돈을 빼 미국이나 유럽에 투자한다는 뜻이다. 대규모 국외자본 유출은 환율 급등과 주식시장 급락을 불러오며 한국을 또 한 차례 금융위기에 빠뜨릴 가능성이 크다. 더구나 2024년 이후는 악화한 재정 부담으로 정부가 더는 경기 부양책을 사용하기 힘들다. 긴축재정과 더불어 옥석 가리기에 들어가면서 대규모 구조조정이 시작될 것이다.

그 출발은 가계부터다. 지난해 말 전국 아파트 구매자 3명 중 1명이 영혼까지 끌어모아 집을 산 2030세대이고, 30대 부채증가율은 최고로 청년층 가계 빚은 400조 원을 돌파했다. 이 상황에서 과연 이들이 부채 원리금을 감당할 수 있을까? 또 떨어지는 부동산 가격을 견뎌낼 수 있을까? 2021년 3월 기준 21조 원이 넘는 돈을 증권사로부터 빌려 '빚투'한 개미 투자자들은 어떻게 될까? 2021년 1월 기준 역대 최고치를 기록한 157만 명의 실업자들은 어떻게 될까? 그동안 금융당국의 대출 상환 유예 조치와 코로나 긴급 자금 대출로 간신히 버티고 있는 저소득자와 저신용자들의 대출은 또 어떻게 될까?

그다음은 좀비 기업이다. 정부지원금과 은행 융자로 연명해왔던 한계기업들은 차례로 퇴출되기 시작한다. 현재 10개 중 4곳에 가까운 기업이 소득으로 이자도 못 내고 있는데 금융위기가 닥치면 과연 버틸 수 있을까? 규모가 큰 상장사들은 괜찮을까? 2019년에 코스피 시장에서는 당기순이익이 적자에서 흑자로 전환한 기업보다 흑자에서 적자로 전환한 기업 수가 더 많았다. 91개 사(13.3퍼센트)가 흑자에서 적자로 전환했고, 108개 사(15.79퍼센트)가 적자를 지속했다. 10개 기업 중 3개 기업이 적자 상태다. 2020년은 코로나19 대유행으로 적자 기업은 더 늘었을 것이다. 이 상황에서 금융위기까지 덮친다면 전체 상장사 중 얼마나 많은 상장사가 타격을 받게 될까? 과연 그들이 상장폐지를 당하지 않고 위기에서 생존할 수 있을까? 간신히 살아나더라도 고통스럽고 끝이 안 보이는 장기침체의 터널에서 빠져나올 수 없다. 대기업부터 중소기업과 중견기업까지 타격

그림 13 : 끝없는 암흑 터널 시나리오에서 해야 할 핵심 걱정

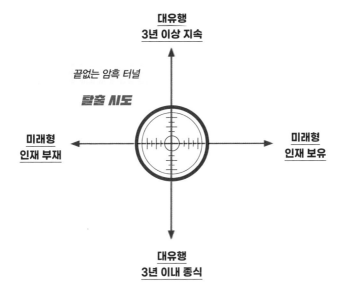

을 받으면 고용과 소비는 더 깊은 침체의 늪으로 빠진다.

'끝없는 암흑 터널' 시나리오에서는 불황의 여파가 적고 코로나19 가 오히려 매출에 도움이 되는 식품, 물류, 배달, 주방가전, 가구, 인 테리어, 가정용 헬스케어 등 몇몇 분야에만 기업들이 집중적으로 몰 리게 된다. 따라서 경쟁은 더욱 치열해지고 원가 경쟁으로 수익도 떨어질 가능성이 크다. 새롭게 대세가 된 친환경, 바이오, 제약, 로 봇, 인공지능, 사물인터넷, 보안산업 분야에 뛰어들기에는 시기적 으로 너무 늦고 자금도 충분치 않으며 미래형 인재도 없다. 한마디로 진퇴양난의 상황이며 시간이 흐를수록 경쟁에서 뒤처져 파산하는 업체는 더욱 늘어날 것이다. 자칫 발을 계속 디디고 있다가는 빠져나올 수조차 없다. 끌어당겨 쓴 부채에 대한 부담으로 폐업하기도 힘들기 때문이다.

이런 상황이 '신종 감염병 반복 출현'과 '미국의 금리인상'이라는 기본 미래 조합이 가져온 가능성의 미래며 시나리오 이름이 '끝없는 암흑 터널'인 이유다.

이 시나리오는 기업이 피해야 할 최악의 상황이다. 이 시나리오에 진입할 조짐이 보인다면, 기업이 취해야 할 전략은 무엇일까? 빠르게 시장에서 철수해야 한다. 이른바 출구(Exit) 전략이다. 터널에 진입하기 전에 방향을 틀어 빠져나와야 한다. 그리고 다시 사업을 리셋(reset)시켜 미래형 사업으로 진출할 준비를 해야 한다. 따라서 이 시나리오에서 가장 몰입해야 할 걱정은 '탈출 시도'이다. 탈출에 실패하면 장기 저성장 변동성 시장이라는 긴 터널에서 버텨야 한다.

과연 우리가 얼마나 오래 견딜 수 있을까?

'위대한 기업으로의 도전' 시나리오 ——

●

이 시나리오는 2024년 이후에도 3~4년 간격으로 감염병 대유행이 반복될 조짐이 보이지만, 회사에 미래형 인재가 있는 상황으로 준비된 회사에는 최고의 시장이 열리는 시나리오가 된다. 이 시나리오에서 주목할 기본 미래는 '새로운 감염병 반복적 출현' 외에 '6G 인터넷 서비스 시작', '실감형 콘텐츠 활성화', '한류 지속', 'ESG 경영 대세' 등이다.

2024년 이후에도 새로운 감염병은 반복적으로 출현할 것이다. 신종 전염병 대응에 익숙해진 세계는 전 업종에 걸쳐 오프라인에서 온라인으로의 디지털 전환이 더 빠른 속도로 이뤄질 것이다. 그 근간에는 상상을 초월하는 속도를 자랑하는 인터넷이 있다. 2028년~2030년에는 현재 보급 중인 5G 인터넷보다 무려 50배 빠른 1Tbps의 6G 인터넷이 본격 서비스를 시작한다. 4G LTE 기술이 차량 공유를 현실화했다면 5G 인터넷의 완성은 자율주행차, 스마트공장, 스마트시티, 디지털헬스케어 등 인공지능 기반의 인프라 산업을 완성할 것이고, 6G 인터넷은 5G 인터넷 세대에 구축한 산업을 기반으로 실시간 원격수술, 완전 자율주행차, 플라잉카 등 고도화된 융합서비스를 탄생시킬 것이다.

'신종 감염병의 반복적 출현'과 '6G 인터넷 서비스 시작'이라는 기본 미래의 조합은 2030년 이전에 '초연결 네트워크 시대'가 본격적으로 시작될 것임을 예고한다. 코로나19 대유행이 초연결사회를 한층 앞당기는 촉매 역할을 하는 것이다. 특히 6세대 인터넷이 상용화하면 현실에서는 체험할 수 없는 새로운 경험이 가능해진다. 클라우드와 인공지능 기반의 가상현실(VR)과 증강현실(AR) 그리고 홀로그램 기술이 오감 인터페이스 기술과 연결되고, 사물인터넷과 블록체인 또는 양자암호 보안 네트워크와 결합하면 시공간을 넘어서 현실에서는 경험하기 어려운 여러 상황을 실감 나게 체험할 수 있다. 가상과 현실이 완전히 융합된 '혼합현실(mixed reality) 공간'이 새로운 기본 미래로 나타나는 것이다. 이 공간에서 보고, 듣고, 만지고 냄새 맡고 맛볼 수 있는 콘텐츠가 등장하면 어떻게 될까? 기업은 아주 저렴한 비용만 지불하면, 각기 다른 장소에서 공동 작업을 마치 게임처럼 할 수 있게 되고, 게임은 사용자의 실시간 감정에 따라 게임 속 주인공이 되어 엄청난 판타지를 경험할 것이다. 또 교육은 누구나 다양한 직업을 미리 체험할 수 있는 혁신적인 실험 공간을 제공할 것이다. 따라서 2024년 이후에는 상상력이 곧 경쟁력이며, 상상을 먼저 현실로 실현하는 기업이 주도권을 잡게 될 가능성이 크다.

한류는 반짝하고 사라지는 유행이 결코 아니다. 2030년까지 계속 이어질 트렌드이자 기본 미래다. 한류가 2024년 이후 급속도로 발전할 '초연결 네트워크'와 '혼합현실 공간'이라는 미래와 만나면 그 영향력은 더욱 막강해진다. 특히 '마지막 퀀텀 점프 기회' 시나리오에서 언급한 '메타버스(metaverse)'가 완벽한 실감형 가상공간을 제공하게 되면 한류는 거대한 부를 창출할 원동력이 될 것이다. 이미 국내에서는 2020년 9월 방탄소년단(BTS)이 3인칭 액션슈팅게임인 〈포트나이트〉를 통해 신곡 〈다이너마이트〉 안무 영상을 최초로 공개했다. 무대를 함께한 게이머들은 함께 춤을 추고 감상을 공유하며 무대를 즐겼다. MZ세대가 타깃인 만큼 게임 플랫폼이 메타버스 공간으로 진화하고 있음을 알 수 있다. 3D 아바타 제작 스튜디오 〈제페토〉역시 2020년 자신들이 만든 가상공간에서 세계적 걸그룹 블랙핑크의 사인회를 열었는데 전 세계 5,000만 명의 팬들이 아바타를 만들어 블랙핑크로부터 사인을 받았고, 블랙핑크와 자신의 아바타가 함께 찍힌 셀카를 얻기도 했다. 소셜네트워크 기반의 게임업계가 메타버스로 속속 진입하고 있고 여기에 엔터테인먼트 업계와 3D 아바타 제작업체가 뛰어들고 있다.

가상공간에서만 한류의 위상이 높아지는 것은 아니다. 2024년 이후에는 대유행이 반복되더라도 백신과 치료제의 발달과 예방 여건 개선 그리고 심리적 안정감으로 다시 한국을 방문하는 여행객도 크게 늘어날 것이다. 2020년 8월 일본교통공사와 일본정책투자은행이 해외여행 경험이 있는 아시아와 미국, 호주, 영국, 프랑스 등 12개국 6,266명을 대상으로 실시한 설문조사 결과, 한국은 '코로나19 종식 후 여행하고 싶은 국가' 순위가 일본에 이어 2위에 올랐다. 또한 제주특별자치도와 제주연구원이 현지 중국인 754명을 대상으로 한 설문 조사에서는 응답자의 82.9퍼센트가 코로나 이후 한국의 제주도 방문을 원했다. 한국에서 일하고 싶은 외국인도 크게 늘었다. 2021년 3월 보스턴컨설팅그룹(BCG)이 발표한 보고서에 따르면, 한국이 '가장 일하고 싶은 나라' 12위를 기록하며 2014년 37위, 2018년 24위에서 큰 폭으로 올랐다. 전 세계에서 한국어를 제1언어로 사용하는 인구가 7,700만 명인 상황에서 이런 순위는 사실 대단한 것이다. BCG 역시 언어장벽을 고려할 때 한국의 약진은 주목할 만한 현상이라고 말했다. 따라서 앞으로 원본 공간이자 현실 공간인 대한민국은 수많은 외국인이 가장 방문하고 싶은 나라 중 하나가 될 것이다. 현실에서는 5,000만 명이 조금 넘는 내수 시장을 가진 나라지만, 혼합현실 공간에서는 수억 명이 넘는 거대한 시장을 가진 국가가 될 수도 있다.

이 시나리오가 현실이 될 때 소상공인과 자영업자들은 무엇을 해야 할지 고민해야 한다. 오픈마켓에 입점하듯 메타버스 마켓에 입점할 때 어떤 흥미, 놀라움, 의미를 줄 수 있을지 생각해야 한다. 또 한류에 대한 판타지를 가진 방문객들이 실제 현실 세계로 방문했을 때 어떻게 그들을 끌어당길지도 생각해야 한다. '초연결 네트워크'와 '혼합현실 공간' 그리고 '한류'라는 기본 미래의 조합은 '판타지 코리아의 부상'이라는 가능성의 미래를 등장시킨다.

ESG 경영 역시 2024년 이후에는 상장기업이라면 반드시 지켜야 할 대세로 자리 잡을 것이다. ESG란 환경(Environment), 사회(Social), 지배구조(Governance)의 앞 글자를 딴 용어로, 기업의 비(非)재무적 성과를 측정하는 지표다. 7조 800억 달러를 운용하는 전 세계 최대 자산운용사 블랙록의 래리 핑크 CEO가 ESG 경영에 불을 지폈다. 2020년 1월 그는 연례 편지를 통해 향후 투자 결정 시 '기후변화'와 '지속가능성'을 핵심 목표로 삼고, 매출액의 25퍼센트 이상을 석탄빌진을 통해 거둬들이는 기업의 채권과 주식을 매도하 겠다고 발표해 금융권을 놀라게 했다. 그 후 실제 블랙록은 기후 위 기에 대응하지 않는 244개 기업 중 53개 기업에 대해 주주총회에서 이사 선임 반대투표를 던지는 등 적극적인 의결권 행사를 하기 시 작하자 기업과 투자자들 사이에 ESG 경영이 최고의 화두로 떠올랐 다. ESG 투자는 이미 2012년 13조 2,000억 달러에서 2018년 30조 7,000억 달러로 급증하고 있었으나 코로나19 대유행 이후 그 성장 속도가 더욱 가파르게 증가해 2020년 말에는 50조 달러를 넘어설 것으로 전문가들은 추정하고 있다. 세계 3대 연기금 중 하나인 국민 연금 역시 ESG 투자를 대폭 확대하기로 했고 2024년에는 투자 규 모만 500조 원에 달할 전망이다. 상장 대기업 역시 ESG 경영을 의 무적으로 시행해야 할 압박에 직면해 있다. 금융위원회는 2021년 1 월 2조 원이상인 유가증권시장 상장사는 2025년부터 친환경·사회 적 책임활동을 포함한 '지속가능경영보고서'를 공시해야 하고 2030 년부터는 모든 코스피 상장사가 의무 공시해야 한다고 발표했다. '기업지배구조보고서' 역시 2026년부터는 모든 코스피 상장사가 공 시해야 한다. 2024년 이후에는 ESG가 기업가치를 평가하는 주요 지표로 완전히 자리 잡는 것이 기본 미래다.

다만, 2024년 전까지는 ESG 경영이 기업에 수익을 내기보다는 고 객과 투자자들의 관심을 끌기 위한 마케팅 수단에 그칠 가능성이 크 다. 비재무적 활동이므로 초창기에는 비용 지출이 더 많기 때문이

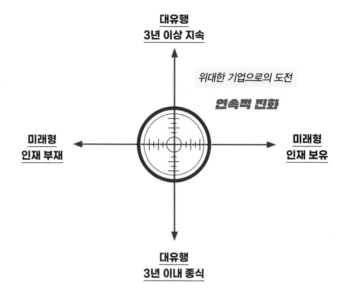

그림 14 : 위대한 기업으로의 도전 시나리오에서 해야 할 핵심 걱정

대유행
3년 이상 지속

위대한 기업으로의 도전

연속적 진화

미래형
인재 부재

미래형
인재 보유

대유행
3년 이내 종식

다. 실제로 국내에선 현재 매년 100여 개 기업이 지속가능경영보고서를 발간하고 있지만, 이 중 거래소에 공시하는 회사는 20개 사에 불과하다. 투자자들 역시 ESG 경영이 기업에 완전히 스며들어 본격적인 수익 기반이 되기 전까지는 대규모 투자를 꺼릴 가능성이 크다. 따라서 2024년 전까지 ESG 경영 기반을 잘 닦고 2025년 이후 미래형 인재를 통한 신산업 영역에서 본격적인 이익을 낼 수 있는 기업은 탁월한 성과를 낼 기업이 될 가능성이 크다. 투자자들의 핵심타깃이 되기 때문이다.

소비자들은 끊임없이 새로운 꿈과 가치를 찾아 나서고 이를 실현해주는 기업에 살아있는 네트워크의 힘을 이용해 폭발적인 지지를 보낼 것이다. 더 나은 사회를 만드는 데 기업이 동참하도록 강하게 요구할 것이다. 하지만 기업이 고객의 가치를 따라잡지 못하거나 비윤리적인 행동을 보일 때는 파괴적이고 집단적인 행동을 통해 기업을 순식간에 나락으로 떨어뜨릴 것이다. 한마디로 '위대한 기업으로의 도전' 시나리오의 통합 기본 미래는 '가치 주도형 유기체적 환상 사회'다. 따라서 위대한 기업으로의 도전 시나리오에 진입할 조짐을 보일 때 기업이 가장 몰입해야 할 걱정은 바로 고객의 가치 변화에 맞춰 기업을 계속 변신하려는 노력, '연속적 진화'다.

—— 위기와 기회는 동시에 온다

●

지금까지 '마지막 탈출 기회', '마지막 퀀텀 점프 기회', '위대한 기업으로의 도전', '끝없는 암흑의 터널' 등 4가지 시나리오를 만들고 각각 '현금 확보', '디지털 전환', '연속적 진화', '탈출 시도'가 가장 해당 기업이 몰입해야 할 걱정임을 살펴봤다. 4가지 시나리오는 2024년을 기준으로 나눴지만, 사실 이 4가지 시나리오는 현재에 모두 중첩돼 있다. '끝없는 암흑의 터널' 시나리오 옆에는 '위대한 기업으로의 도전' 미래가 있고, '마지막 탈출 기회' 시나리오 옆에는 '마지막 퀀텀

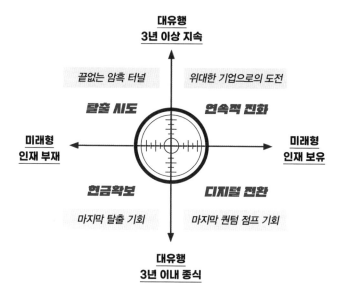

그림 15 : 4가지 시나리오와 4가지 핵심 걱정

대유행
3년 이상 지속

끝없는 암흑 터널   위대한 기업으로의 도전

탈출 시도   **연속적 진화**

미래형
인재 부재   미래형
인재 보유

현금확보   **디지털 전환**

마지막 탈출 기회   마지막 퀀텀 점프 기회

대유행
3년 이내 종식

점프 기회'라는 시나리오가 자리한다. 위기와 기회는 동시에 온다.

"미래는 이미 와 있다. 단지 널리 퍼져 있지 않을 뿐이다(The future is already here. It's just unevenly distributed)"라는 미국 작가 윌리엄 깁슨의 말처럼, 기업이 현재 어떤 행동을 취하느냐에 따라 그들이 맞이하게 될 미래는 각각 달라질 것이다.

지금까지 걱정해야 할 핵심 목표를 설정했으니 이제 마지막 4단계인 걱정을 해결하는 단계로 넘어가보자.

마지막 4단계에서는 핵심 걱정에 대해 모든 힘을 모아 '몰입 걱정'을 해야 한다. 강력한 몰입을 위해서는 질문이라는 도구가 유용하다. 끊임없이 "만약에?"라는 질문을 던지며 상황 변화에 신경을 곤두세워야 한다. 핵심 걱정에 대한 집중적인 질문은 쓸데없는 걱정을 막고 부정적 결과에 대한 자각을 강화해 경각심을 갖게 한다. 질문은 또 해답을 찾아야 한다는 의무감을 불러일으키고, 적극적으로 해결책을 찾도록 자극한다. 집중적인 질문이 필요한 이유이며 4단계 걱정 프로세스를 통해 나온 해결책은 기업이 탁월한 성과를 거두기 위한 핵심 열쇠가 될 것이다.

4가지 시나리오에서는 '현금 확보', '디지털 전환', '연속적 진화', '탈출 시도'가 각각 몰입할 걱정의 대상이다. 먼저 '마지막 탈출 기회' 시나리오의 '현금 확보' 걱정을 살펴보자.

제대로 걱정하라 : 현금 확보 실패

마지막 탈출 기회 시나리오에서 몰입 걱정을 위한 집중 질문을 도출해보자.

미래형 인재 부재로 미래형 사업으로 전환하지 못했더라도, 코로나19 종식 분위기로 시장이 단기간 강한 회복세를 보이는 이 시나리오에서는 2024년까지가 현금을 확보할 수 있는 마지막 기회다.

이 시기를 놓치면 앞으로 계속 돈 빠져나갈 일만 생긴다. 치열한 원가 경쟁의 늪에 빠져서다. '밑 빠진 독에 물 붓기'만 하다 결국 물이 동날 것이다.

현금을 최대한 확보하는 법은 개념적으로는 간단하다. 먼저 몸집부터 줄인다. 그리고 들어올 돈의 양과 속도를 늘리고 나갈 돈의 양과 속도를 줄이면서, 남는 돈을 빠르게 불리면 된다. 몸집부터 줄여보자.

과일나무를 키울 때 가지치기를 하는 이유가 뭘까? 죽은 가지나 병든 가지를 잘라내지 않으면 가지가 제멋대로 자라 서로의 성장을 방해해 나무가 상해서다. 반대로 멀쩡하고 싱싱한 가지라도 가차 없이 잘라낼 때도 있다. 다른 약한 줄기에 영양이 골고루 퍼지게 해 전체적으로 풍성히 자라게 하기 위해서다. 가지치기를 안 하면 열매도 잘 열리지 않는다. 불필요한 가지로 영양이 낭비되기 때문이다. 여러모로 가지치기는 나무에 균형과 아름다움 그리고 더 많은 풍성한 열매를 맺게 하는 중요한 역할을 한다.

기업이라는 나무도 마찬가지다. 지나치게 이리저리 일을 벌이다 계속 회사를 갉아먹는 사업이 있다면 미래 잠재력이 있다 하더라도 당장 가지치기해야 한다. 또한, 현재 건실하게 성장하는 사업이라도 계속 키워나갈 회사의 역량(자금과 인재)이 없다면 과감히 다른 회사에 매각해 현금을 확보하는 게 낫다. 그 돈으로 미래형 사업과 인재에 투자하면 더 풍성한 열매를 맺을 수 있다. 1보 전진을 위한 2보후퇴다.

들어올 돈을 보자. 들어올 돈의 양을 늘리는 가장 효과적인 방법은 기존 충성고객에게 더 많이 파는 것이다. 코로나19 대유행이 종식되면 그간 억눌려 있던 소비를 분출하는 '보복 소비'가 나타날 가능성이 크다. 마음 놓고 나가서 친구도 만나고, 영화도 보고, 외식도 즐기고 여행도 하며 야외 활동을 마음껏 즐길 것이다. 따라서 이때 충성고객들에게 다양한 할인 혜택을 제공해 더 많은 매출을 빠르게 끌어올려야 한다. 충성고객은 경기가 좋아지면 더 많이 지갑을 연다. 정기구독 모델을 도입해 현금이 지속적이고 안정적으로 흘러들어오게 할 수도 있다. 돈이 들어오는 속도를 높이는 것도 중요하다. 선결제를 조건으로 할인 혜택을 주는 상품을 개발해 더 빠르게 현금을 확보할 수 있다. 여행, 호텔, 숙박 등 관광 업계는 이미 선결제 프로모션을 통해 다양한 할인 혜택을 제공하고 있다. 또 정부와 지방자치단체는 선결제 상품권을 발행해 자금난을 겪고 있는 지역 소상공인들을 지원하고 있다.

받아야 할 돈, 즉 외상매출금은 최대한 빨리 회수해야 한다. 또한 정부 지원 정책을 적극적으로 활용하는 것도 한 방법이다. 정부는 실업률이 급격히 증가하는 것을 원하지 않는다. 이를 막기 위해 앞으로 2~3년은 계속 각종 대출과 세제 혜택 등 다양한 경제적 지원책을 내놓을 것이다. 이 지원책을 놓치지 말고 적극적으로 활용해 현금을 최대한 많이 확보해야 한다.

들어오는 돈의 양과 속도를 늘렸다면, 반대로 나가는 돈의 양과 속도는 최대한 줄여야 한다. 나가는 돈을 줄이는 가장 빠른 방법은 역시 비용 절감이다. 하지만 비용에도 좋은 비용이 있고, 나쁜 비용이 있다. 좋은 비용이란 회사의 목적에 일치하고, 고객이 정말로 원하는 가치를 제공하기 위해 들어가는 비용이다. 즉, 놀라움, 재미, 의미와 같은 고객 경험과 관련된 비용이 해당한다. 만약 이 비용을 대폭 줄인다면 단기간 현금 흐름은 좋아질 수 있지만, 2024년 이후 장기침체가 심해지고, 충성고객이 빠져나가면 고전을 면치 못하게 된다. 좋은 비용보다는 나쁜 비용을 대폭 줄여야 한다.

나쁜 비용이란 무엇일까? 고객이 원하는 가치와 상관없는 곳에 들어가는 비용이다. 소상공인이 운영하는 생필품 가게에 굳이 직원을 여러 명 둘 필요가 있을까? 고객이 정말 원하는 것은 필요한 생필품을 언제든지 살 수 있는 매장이다. 무인 점포가 급증하는 이유도 여기에 있다. 테이크아웃 고객이 대부분인 매장이 지나치게 넓다면 이역시 나쁜 비용만 지출하고 있는 셈이다. 특정 시간에만 고객이 몰리는 매장이 24시간 영업하는 것 역시 나쁜 비용 지출이다. 이 경우 매장 청소나 인테리어에 비용을 쏟기보다 직원 서비스 교육에 비용을 지출하는 편이 더 낫다. 좋은 비용은 유지하고 나쁜 비용을 줄이는 것이 핵심이다. 이런 맥락에서 인력 구조조정도 해야 한다. 다만, 급격하고 일방적인 해고는 안 된다. 직원들에게 투명하게 회사의 상황을 공개하고 어려운 결정을 내린 것에 대한 공감을 얻은 후 미리 직원들이 준비할 시간을 줘야 한다. 다른 방법도 많다. 3일 근무나 무급 휴가를 통해 탄력 근무제 적용으로 비용을 절감할 수도 있다. 기타 임금동결, 상여금 중단, 초과 근무 금지 등 모든 가능한 수단을 총동원해 나가는 지출 비용을 줄여야 한다.

매출은 늘리고 비용을 줄였다면 이제 남은 돈은 불리자. 미국의 경제 회복속도가 빨라지고, 미연방은행 총재들의 경제 낙관론이 이어져 금리 인상 기대감이 커질수록 달러 가치는 상승한다. 이런 경제 상황이 예상될 때는 달러 예금을 들어두는 것은 좋은 현금 불리기 전략이다. 그 밖에 각국의 경기 부양에 따른 각종 인프라 건설 붐이 불면 구리, 철, 국제 유가 등 원자재 관련 종목 투자도 검토할 필요가 있다. 특히 구리는 '경기회복지표'를 대표하는 원자재다. 산업 전반에 걸쳐 원자재로 쓰이고, 전기자동차와 하이브리드 차량, 태양광 패널과 풍력발전 등 친환경 인프라 건설에 구리 수요가 대단히 많기 때문이다. 개별종목보다는 ETF와 같이 변동성이 적은 상품을 택하자. 욕심은 항상 재앙을 부른다.

자, 이제 위의 내용을 바탕으로 몰입할 걱정을 질문 형태로 바꿔보자. 비판적 사고의 질문을 사용하면 더 집중적인 걱정을 할 수 있다.

- 만약 회사의 성장에 방해되는 사업을 계속 붙잡고 있으면 어떤 일이 벌어질까? 왜 계속 붙잡고 있을까? 붙잡고 있도록 만드는 특정 믿음은 무

엇인가?

- 만약 회사의 역량은 못 미치는데, 잠재력 있는 사업을 무리하게 밀어붙이면 어떤 일이 벌어질까? 잠재력이 있다고 믿는 근거가 부정확한 것은 아닌가?

- 만약 회사의 충성 고객이 점점 줄어들면 어떤 일이 벌어질까? 왜 그런 일이 벌어지고 있을까? 정말 그 원인이 맞을까? 다른 원인은 없을까?

- 만약 충성 고객 관리가 엉망이면 어떤 일이 벌어질까? 왜 관리가 안 되고 있을까? 어떤 믿음 때문에 충성 고객 관리를 소홀하게 만드는 걸까?

- 만약 외상 매출금을 회수하지 못하면 어떤 부정적 결과가 나올까? 왜 못 받고 있을까? 다른 결정적 이유가 있는 것은 아닐까?

- 만약 영업사원들이 계약에만 관심 있고, 매출 채권 관리에 무관심하면 어떻게 해야 할까? 정말 업체에 대한 정확한 정보를 바탕으로 영업하고 있는 것일까? 아니면 말만 믿고 영업하는 것일까?

- 만약 바쁜 나머지 정부의 중요한 지원책을 놓치면 어떤 부정적 결과가 나올까? 왜 바쁠까? 급한 불만 끄는 데 바쁜 것은 아닐까? 정말 중요한 일에 관심을 가지고 노력하고 있는가?

- 만약 고객 가치와 무관한 돈이 계속 낭비된다는 사실을 모르면 어떤 일이 벌어질까? 무의식적이고 습관적으로 나가는 돈은 없는가? 어떤 믿음이 이런 낭비를 계속하도록 했을까?

- 만약 구조조정 중 미래형 인재를 놓치면 어떤 부정적 결과가 나올까? 놓치지 않으려면 어떤 방법을 사용해야 할까? 인재를 알아보는 눈이 없는

것은 아닐까? 인재가 신나게 일할 수 있는 환경인가?

 – 만약 달러와 원자재 흐름에 무관심하다 돈 불릴 기회를 놓치지 않으려면 어떤 조처가 필요할까? 경기 흐름에 따른 금리, 환율, 원자재, 석유 등의 관계는 알고 있는가? 거시 경제 흐름을 몰라도 기업을 이끌 수 있을까?

 – 만약 금융기관이 회사의 신용등급을 강등하면 어떤 일이 벌어질까? 강등 요인은 알고 있는가? 어떤 준비를 지금부터 해야 할까?

정말 해야 할 걱정이 많다. 집단지성을 이용하면 더 많은 걱정거리가 나올 것이다. '마지막 탈출 기회' 시나리오에서는 이 같은 질문들을 항상 마음속에 담아두고 걱정해야 한다. 몰입하면 반드시 해결책이 나올 것이다. 탁월한 성과를 거두는 기업의 리더는 모두 걱정의 대가라는 사실을 잊지 말자.

제대로 걱정하라 : 디지털 전환 실패

'마지막 퀀텀 점프 기회' 시나리오에서 가장 몰입해야 할 걱정은 '디지털 전환 실패' 다.

앞에서 살펴본 바와 같이 MZ세대의 주 활동 무대가 메타버스로 옮겨가고 있기 때문이다. 그럼 메타버스에 진입하기 위해 필수적인 디지털 전환(digital transformation)이란 무엇일까? 단순히 업무를 전산화(Digitization)하거나 디지털화(Digitalization)한다고 디지털 전환은 아니다. 전산화와 디지털화는 기존 업무를 더 빠르고 효율적으로 처리하고 데이터를 보관하기 위한 수단일 뿐이다.

디지털 전환은 정보통신기술을 포함한 다양한 기술(인공지능, 빅데이터, 클라우드 컴퓨팅, 블록체인, 사물 인터넷 등)을 통해 플랫폼을 구축하고 활용함으로써 기존의 전통적인 사업모델과 서비스를 혁신하는 것을 목표로 한다. 효율성이 아닌 혁신에 방점이 찍힌다. 디지털 전환에 있어 혁신이란 무엇일까? 모든 것을 '상품 중심'이 아닌 '관계 중심'으로 바꾸는 것이다. 네트워크 용어로 말하면 '노드(node)'에서 '링크(link)'로 무게 중심을 옮기는 것이다. 초연결사회가 다가오고 있으니, 관점을 연결 중심으로 옮기는 것은 당연하다.

상품 중심 사고로 사업에 접근하면 항상 성능, 디자인, 가격, 경쟁사 등에 신경을 곤두세우게 된다. 어떻게 하면 품질과 디자인을 좋게 만들까? 어떻게 하면 생산성을 높여 저렴한 가격을 만들 수 있을까? 어떻게 하면 대중에게 상품을 공급할 수 있을까? 이런 질문이 주요 관심사다. 하지만 연결 중심 사고로 접근하면 질문부터 달라진다. 상품 중심 접근에서 '어떤 상품을 팔아야 돈을 많이 벌까?'라는 질문을 했다면, 이젠 '어떤 연결을 해야 놀라운 경험을 줄까?'라는 질문으로 바뀐다. 초연결된 세상에서는 주목을 받는 것이 중요하고, 주목받으려면 기존 상품에는 없는 놀라움을 줘야 한다. 놀라움을 어떻게 만들어낼까? 상품이 기대에 어긋나는 상황, 즉 새로운 맥락에 놓일 때 나타난다. 그리고 새로운 맥락은 새로운 연결을 통해 완성된다. 한국에서 즐겨 찾던 분식점을 유럽 외딴 마을에서 우연히 마주친다면 얼마나 놀랍고 반가울까? 같은 식당이라도 내가 한국과 연결된 상태에서 만난 식당과 내가 유럽의 한 마을과 연결된 상태에서 만난 식당은 본질은 같지만 느끼는 경험은 전혀 다르다.

여기서 주목할 부분은 바로 매개(media)다. 매개는 '연결을 만드는 주인공'이다. 이 책 역시 나와 여러분을 연결하는 매개다. 이 책이 없다면 나는 여러분과 연결될 수 없다. 카카오톡이라는 메신저가 없다면 여러분과 친구들은 연결될 수 없다. 화상회의 솔루션이 없다면 사장과 직원들도 연결될 수 없다. 심지어 박쥐라는 매개가 없었다면, 사람과 새로운 바이러스의 연결도 없었을 것이다. 이처럼 모든 연결은 매개를 통해 이뤄진다.

놀라운 경험은 어디서 생길까? 새로운 연결을 만드는 그 매개에서 나온다. 둥근 공을 '발'과 '네트'로 연결한 것이 축구공이다. 하지만 '손'과 '링'으로 연결하면 농구공이 되고 '스틱'과 '홀'을 연결하면 골프공이 된다. 본질은 같지만 서로 다른 연결에 따라 새로운 경험을 느끼게 한다. 따라서 점점 연결되는 시장에서는 어떤 매개(본질)를 선택해 무엇과 무엇을 어떻게 연결하는가에 따라 놀라운 경험을 만들 수 있다. 5G, 인공지능, 빅데이터, 클라우드, 블록체인, 사물인터넷 등과 같은 4차산업혁명 기술이 매개에 적용돼 연결의 대상과 방법을 새로운 방식으로 제공하기 때문이다. 이런 접근으로 성공한 기업이 점점 늘고 있다. 에어비앤비는 '방'을 매개로 집주인과 여행객을 연결해 놀라운 경험을 제공했고, 우버는 '택시'를 매개로 승객과 운전자를, 아마존은 '상품리뷰'를 매개로 소비자와 공급자를, 링크드인은 '이력서'를 매개로 구직자와 회사를, 넷플릭스는 '시청자의 콘텐츠 이용 패턴'을 매개로 시청자와 영상을 연결해 놀라운 경험을 제공했다.

시장을 상품 중심에서 연결과 매개 중심으로 바라보기 시작하면 완전히 다른 세상이 펼쳐진다. 소비자는 더는 상품을 일방적으로 전달할 '대중(mass)'이 아니라 주체적으로 새로운 연결을 만드는 '미디어(media)'다. 표면적으로는 파편화·개별화돼 있지만 그들은 공동의 가치관에 따라 모이고 흩어지며 집단적인 영향력을 행사한다. 소비자의 가치관과 동떨어진 서비스를 제공하거나, 비윤리적인 행위를 하는 기업은 이들의 공격에서 살아남을 수 없다. 연결의 시대에 소비자를 대하는 방식은 달라져야 한다.

경쟁자는 어떻게 바뀔까? 상품 중심 기업에 경쟁자는 공격을 통한 제압의 대상이지만, 연결 중심 기업에 경쟁자는 협력을 통한 공생의 대상이다. 소위 '코피티션(cooperation + competition)'이다. 코피티션은 코로나19 대유행처럼 거대한 불확실성 앞에서 경쟁사와 협력(연결)을 통해 비용 절감 및 효율성을 향상하거나 장점을 나눠 함께 더 많은 가치를 창출하기 위해 진행하고 있다. 대표적 사례가 삼성과 애플의 협력이다. 애플이 아이폰X 개발 당시, 삼성은 슈퍼레티나엣지투엣지(Super Retina edge-to-edge) OLED 스크린이라는 혁신적 제품을 출시했다. 삼성이 아이폰에 새로운 OLED 제품을 공급하지 않으면, 고급형 스마트폰 시장에서 애플이 일시적 타격을 받을 수 있었다. 그랬다면 애플은 LG나 화웨이에 OLED 스크린 공급을 요청했을 것이다. 애플 역시 삼성으로부터 스크린을 공급받으면, 삼성의 매출을 도와 애플에 더 강력한 경쟁자로 남을 것임을 알았을 것이다. 하지만 이 두 업체는 서로 협력했다. 삼성은 최고의 스크린 기술을 가지고 있었고, 애플은 최고의 충성도 높은 고객을 보유하고 있었기 때문이다.[23] 이 협력을 통해 두 기업은 고객에게 최고의 경험을 선사해 함께 높은 부가가치를 얻었다. 경쟁사 관계라도 서로의 장점을 결합(연결)하면 새로운 가치를 창출할 수 있는 것이다.

시장 파이를 키워 가치를 나눌 수 있다면 플랫폼끼리의 연결도 성사된다. 2021년 1월 빅히트의 '위버스'와 네이버의 '브이라이브'를 통합한 새로운 '글로벌 팬 커뮤니티(위버스 컴퍼니)'에 빅히트의 경쟁사인 SM엔터와 YG엔터가 참여하기로 하면서 '대형 K팝 플랫폼' 탄생이 공식화됐다. 코피티션이 여기에도 작동했다. 빅히트의 위버스는 BTS라는 강력한 아티스트를 가졌지만 사용자 증가에 한계(위버스 500만 명)가 있었던 반면, YG, SM 뿐 아니라 중소기획사 소속 아티스트들까지 이용하는 브이라이브는 MAU(월간 활성 사용자)가 3,000만 명으로 트래픽 면에서 위버스를 압도한다.[24] 서로의 강점을 통합 플랫폼을 통해 연결함으로써 빅히트와 다른 기획사 모두 시장 파이를 키워 가치를 나눌 수 있게 됐다.

마케팅도 바뀐다. 과거 기업들은 대규모 예산을 투입해 TV와 온라인에 광고를 집행했다. 하지만 최근 시장을 지배하는 기업들은 광고를 하지 않는다. 샤오미, 우버, 테슬라 모두 그들의 고객이 직접 입소문을 내고 제품을 팔아준다. 샤오미 고객은 스스로 영업사원이 되어 제품을 추천하고 포럼까지 만들어 정보를 공유하며 제품에 관한 정보나 의문 사항을 대신 답해준다. 애프터 서비스 역할까지 고객들이 하는 셈이다. 테슬라 역시 광고를 하지 않는다. 대신 충성 고객들이 테슬라를 운전하는 영상을 마치 광고처럼 찍어 올리고 추천한다. 우버는 운전자가 운전자를, 탑승객이 탑승객을 추천하면서 우버 네트워크를 점점 확대시킨다. 모두 고객이 자발적으로 회사를 홍보하고 소비까지 해주는 것이다. 음악 업계는 고객(팬)의 영업활동이 더 막강한 영향력을 발휘한다. 해체 직전의 한 케이팝 걸그룹의 4년 전 노래가 갑자기 온갖 음원 차트를 휩쓸며 역주행하고 있다. '브레이브 걸스' 이야기다. 이 그룹은 한 유튜버 팬이 브레이브 걸스의 여러 군부대 공연 영상을 편집해 '브레이브걸스_롤린_댓글 모음'이란 이름으로 21년 2월 24일 유튜브에 올린 뒤부터 관심이 폭발했다. 이 영상은 유튜브 알고리즘을 통해 순식간에 퍼졌고, 며칠 만에 조회수 600만을 넘기더니 글로벌 한류 팬들에게도 폭발적 인기를 얻어 3월 19일 현재 1,200만 조회수에 육박하고 있다. 영상을 편집해 올린 유튜버 팬 1명이 강력한 미디어 역할을 한 것이다. 《오가닉 마케팅》의 저자 윤지영 박사는 "연결이 지배하는 세상은 '대중'이라는 거대한 사회적 그룹이 사라지고 우리 한 명 한 명이 미니어가 되는 세상, 서로의 콘텐츠가 연결돼 끝없이 네트워크를 만들고 지우는 세상이다. 이 네트워크의 유기적 진화가 세상을 지배한다"고 했다.

상품 중심에서 연결 중심으로 관점을 이동하자 신사업이 탄생하고, 시장 파이를 키우는 플랫폼이 탄생하며, 자발적으로 기업 브랜드를 높여주는 소비자가 탄생한다. 시장의 판이 완전히 바뀌고 있다. 새로운 판에는 새로운 규칙이 존재한다. 그 규칙을 익히지 않으면 새로운 판에서 살아남을 수 없다. 이것이 디지털 전환을 해야 하는 이유다.

이제 '마지막 퀀텀 점프 기회' 시나리오에서 몰입해야 할 '디지털 전환 실패' 걱정을 질문 형태로 바꿔보자. 수많은 질문이 쏟아져 나온다.

- 만약 경영진이 디지털 전환에 관심 없다면 어떤 일이 벌어질까? 왜 관심이 없을까? 다른 결정적인 이유는 없는가? 그들이 관심이 없는 숨겨진 믿음은 무엇일까? 왜 그런 믿음이 생겼을까? 그 믿음을 바꾸는 방법은 무엇일까? 믿음을 바꾸지 못하면 최악의 경우 어떤 일이 벌어질까?
- 만약 경쟁사가 디지털 전환에 성공했다면 어떤 일이 벌어질까? 어떤 부분을 바꿨을까? 앞으로 우리 회사와 경쟁격차가 얼마나 벌어질까? 충성고객이 경쟁사로 넘어가고 있는 것은 아닐까?
- 만약 디지털 전환 이유가 오로지 원가절감과 효율성 향상이라면 옳은 방

향일까? 큰 비용을 지출해 자동화해서 경쟁력이 얼마나 강해질까? 그만

한 가치가 있는가? 디지털 전환의 근본적 목표가 사업모델의 혁신임을

잊고 있는 것은 아닌가?

- 만약 디지털 전환이 임직원들의 반대로 지연되면 어떤 대응을 해야 할

까? 왜 그들은 반대를 하는 것일까? 반대하는 숨겨진 원인과 믿음은 무

엇일까? 반대를 넘어설 만큼 디지털 전환이 가져올 긍정적인 결과를 상

상할 수 있게 해 설득할 수 있을까?

- 만약 회사가 제품의 성능과 가격에만 집착하면 어떤 부작용이 발생할

까? 그 부작용을 느낄 수 있게 하는 방법은 없을까? 모든 임직원이 똑같

은 생각을 하는 것은 아닐까? 정말 중요한 이슈가 무엇인지 파악하고 있

는가?

- 만약 회사가 '만들면 누군가 쓰겠지'라는 생각으로 개발하고 있다면 어

떤 일이 벌어질까? 그 개발품이 시장에서 팔릴 것이라는 생각을 하고 있

다면 그 이유는 무엇일까? 그 이유가 타당한가? 그 이유로 다른 부정적

결과가 나오지는 않을까? 통계에 오류는 없는가? 올바르게 추론해 내린

결론인가?

- 만약 회사가 미래형 인재를 채용하고도 상품 중심 사고를 하면, 어떤 일

이 벌어질까? 비싼 연봉을 주고 단순 작업을 시키고 있는 것은 아닐까?

그들을 어떻게 동기부여 시켜야 할까? 미래형 인재에게 어떤 역할을 맡

겨야 할까? 그들이 서로 협력하고 시너지를 낼 수 있도록 하려면 조직을

어떻게 바꿔야 할까?

- 만약 회사가 MZ세대에 관심이 없다면 앞으로 어떤 결과가 나타날까? 기존의 고객층으로 경쟁력을 유지할 수 있을까? 왜 그렇게 생각할까? 근거가 있는가? 통계 수치로 증명할 수 있는가? MZ세대를 이해하기 위해 어떤 방법을 써야 할까?

- 만약 회사가 MZ세대의 가치관과 맞지 않거나 무책임한 행동을 보이면 어떤 일이 벌어질까? MZ세대의 가치관과 소비패턴을 알고 있는가? 그들을 단지 판매의 대상으로만 생각하고 있는 것은 아닌가? MZ세대를 판매를 위한 설득의 대상으로 여기고 있는 것은 아닌가?

- 만약 회사가 경쟁사를 견제하고 이기는 것에만 신경 쓰면 어떤 일이 벌어질까? 경쟁사와 협력할 수 있는 시장을 놓치고 있는 것은 아닐까? 경쟁사의 장점을 단지 우리 회사의 약점으로만 생각하고 있는 것은 아닌가? 경쟁사의 장점과 회사의 장점을 결합할 경우 더 큰 시장을 만드는 방법은 없을까?

제대로 걱정하라 : 연속적 진화 실패

'위대한 기업으로의 도전' 시나리오에서 가장 몰입할 걱정은 '연속적 진화 실패'다.

이 시나리오에 해당할 기업은 감염병이 반복적으로 발생하지만 이미 미래형 인재를 보유하고 있고, 디지털 전환도 진행 중이거나 완성 단계에 와 있을 것이다. 하지만 반짝 성공이 아닌, 세상에 가치 있는 영향력을 행사하는 위대한 기업에 도전하기 위해서는 시장의 변화에 끊임없이 적응하고 진화할 수 있어야 한다. 변화에 빠르게 반응하고, 유연해야 하며, 적응력이 뛰어나야 한다. 이런 특성에 경영학 학자들은 민첩하다는 뜻의 '애자일(agile)'이라는 이름을 붙였고, 애자일 조직은 수평적 위계 구조와 빠른 의사 결정, 직원들의 참여와 권한 위임, 프로젝트 기반의 업무 수행, 유연한 업무환경, 유연하고 반복적인 프로세스를 특징으로 한다. 쉽게 말해 변화에 직면했을 때, 상부 보고 없이 현장에서 위임된 권한으로 문제를 빠르게 조처하고 그에 대한 피드백을 바탕으로 계속 문제를 해결해가는 기민한 조직이다.

하지만, 애자일 방식을 단지 문제해결이나 신제품 개발에만 적용해서는 안 된다. 상위 개념까지 확장해 적용해야 한다. 끊임없이 변하는 시장에 적응하려면 세 가지 층위에서의 진화가 필요하다. 목적의 진화, 전략의 진화, 상품 자체의 진화다.

2021년 3월 19일, 빅히트엔터테인먼트(이하 빅히트)가 새로운 기업 브랜드를 발표했다. '하이브(HYBE)'다. 하이브는 연결, 확장, 관계를 상징한다. 발표에서 최근 합류한 전 넥슨코리아 CEO 출신 박지원 HQ CEO는 빅히트가 수많은 분기점과 변곡점을 지나올 수 있었던 힘은 '가치와 원칙'이었다고 밝혔다. 분명한 회사의 목적이 있기에 오늘날의 빅히트의 존재가 가능했다고 본 것이다. 방시혁 의장은 아무리 회사가 어렵고 힘들어도 늘 음악이 무엇인지 또 아티스트의 역할이 무엇인지 고민했고, 결국 '음악을 통해 위로와 감동을 전하는 일'이 회사의 목적(존재 이유)이었다고 회고했다. 그 후 BTS의 세계적 성공으로 점점 회사의 규모가 커지자 회사의 목적은 다시 진화한다. 모든 것은 음악이자 음악의 변주라며 '음악으로 감동을 전하고, 선한 영향력을 나누며, 삶의 변화를 함께 만들어가는 것'이라는 확장되고 진화된 목적을 선보였다. 위로와 감동을 넘어 적극적인 변화를 모색한 것이다. 음악을 통해 팬들의 경험을 혁신적으로 넓히기 위함이다.

목적이 진화하면 전략도 진화한다. 경쟁사와의 차별성은 더욱 뚜렷해진다. 2005년 이름도 모를 만큼 작은 기획사로 시작한 빅히트 역시 다른 기획사와 마찬가지로 처음에는 신인개발, 아티스트 매니지먼트, 음반제작, 공연기획이라는 전형적인 사업모델로 출발했다. 심지어 2019년 초까지 빅히트에는 방탄소년단뿐이었고, 유일한 회사의 수익 원천이었다. 하지만 BTS가 크게 성공하자 빅히트는 사업모델을 콘텐츠와 팬에 집중하는 전략으로 바꾼다.

2019년 8월 21일 빅히트는 '공동체와 함께하는 빅히트 회사 설명회'에서 빅히트의 성공과 성장의 비결 중 하나로, IP(Intellectual Property, 지식재산)를 기반으로 한 지식재산 경영을 꼽았다. 아티스트를 통해 생성된 브랜드의 가치를 높이는 전략이다. 특히 사업영역을 음악산업에 한정 짓지 않고 라이센스, 캐릭터, 게임, 출판, 팝업스토어 등으로 확장해 팬들과의 접점을 크게 늘리는 전략을 펼쳤다. 가치를 공유하는 협력사와 새로운 브랜드를 만들고, 이 브랜드를 아티스트와 접목시켜 해당 브랜드의 가치를 더욱 높였다. 빅히트와 협력사 그리고 아티스트가 함께 만드는 IP 브랜드 가치 고양의 선순환 전략이다.

빅히트는 또 2019년 6월, 국내 기획사로는 처음으로 위버스(Weverse)라는 자체 팬 커뮤니티 플랫폼을 만들었다. 여기서 팬들이 글과 사진을 남기거나, 댓글과 응원을 통해 아티스트와 직접 소통할 수 있도록 도왔다. 팬이 개별적으로 만든 사이트를 통해 아티스트들을 응원하고 기획사는 운영에 관여하지 않던 기존과는 달리, 빅히트는 스스로 팬과의 소통공간을 만든 것이다. 게다가 플랫폼에 BTS뿐만 아니라 이미 팬덤을 갖추고 있는 여자친구, 세븐틴, 엔하이픈, 씨엘, 선미, 헨리, 드림캐쳐 등 다른 기획사의 아티스트까지 합류시키면서 아티스트와 글로벌 팬들이 서로 소통하는 공간으로 만들었다. 또 공연장에 팬들이 기다리는 불편함을 없애기 위해 앱을 통해 공연장 대기시간, 실시간 혼잡도 등의 정보를 제공해 더는 공연장에서 줄 서지 않아도 되는 문화를 만들었고, 굿즈(goods)를 온라인으로 사전 주문하거나 공연장 당일 반경 2.5킬로미터 내에서 모바일로 주문 후 현장 수령 방식을 적용해 구매 현장의 혼잡도와 불편함을 개선했다. 기존 기획사들과는 완전히 다른 차원의 접근 전략이다. 빅히트의 목적의 중심에는 팬들이 있었고, 그 무엇보다 팬들의 경험을 확장하는 데 '광적인 집중'을 했다. 목적이 진화하니 전략도 진화한 것이다.

상품의 진화도 눈에 띈다. 코로나19 대유행이라는 전례 없는 사건이 터지면서 해외투어 콘서트를 하지 못하게 된 빅히트는 다른 기획사들처럼 콘서트를 취소하거나 연기하는 대신 자체 플랫폼인 위버스를 통해 온라인 콘서트를 열었다. 자체 플랫폼인 만큼 중개수수료와 타사 플랫폼 수수료를 지불할 필요가 없었고, 위버스와 연결된 위버스 샵을 통해 공연 굿즈를 판매함으로써 모든 수익을 오롯이 가져갈 수 있었다. 이틀 동안 진행한 온라인 유료 콘서트로 191개 지역에서 99만 3,000명의 팬을 동원하며 무려 500억 원 이상의 수익을 올렸고, 전 세계 콘서트 티켓 매출 집계 사이트 '투어링 데이터'는 BTS의 온라인 공연에 총 174만 9,600명의 유료 시청자가 몰려 6,500만 달러(약 728억 원) 이상을 지출했다고 밝혔다. 그 결과 2019년 311억 원에 불과했던 위버스의 매출은 2020년 상반기에만 262퍼센트가 증가한 1,127억원을 기록하며 빅히트 전체 매출의 40퍼센트에 육박했다. IP 상품 역시 계속 진화 중이다. 일반적으로 기획사들이 앨범과 콘서트, MD, DVD 등을 통해 수익을 올리지만, 빅히트는 전 세계에서 운영 중인 팝업스토어와 아티스트를 본떠 만든 캐릭터, 소설, 웹툰, 게임, 자체 예능이나 영화, 다큐멘터리 등을 통해 스토리텔링이 있는 IP 상품으로 계속 진화 중이다.

특히 앨범의 경우 흥미로운 점은 아티스트별로 캐릭터를 부여하고 섬세한 서사를 가진 세계관을 부여했다는 점이다. 또 모든 앨범이 하나의 서사로 연결돼 있다. 빅히트는 인스타그램이나 블로그나 책 등에 파편적으로 서사의 실마리를 제공함으로써 앨범을 팬들이 세계관을 해석하고 공유하는 놀이 문화로 진화시켰다.[25] 심지어 UN에서의 두 차례 연설 내용까지도 앨범의 서사와 연결된다. 게임이 아닌 아이돌 그룹에 세계관을 부여하고 앨범 하나, 노래 하나마다 이야기를 연결해 팬들이 마치 탐정처럼 세계관의 조각조각을 맞추며 BTS의 세계관에 빠져들게 한 발상은 놀랍기만 하다. 그만큼 BTS의 세계관 소위, 방탄 유니버스(BU)가 단순한 신화 속 이야기가 아닌, 현실을 반영한 서사를 담았기에 팬들의 가슴 속을 파고든 것이다. 빅히트는 또 모든 소속 아티스트에게 세계관을 부여했다. 특히 동생 그룹인 TXT의 TU(TXT Universe)에게는 판타지와 동화적인 세계관을 부여했다. 그리고 BTS의 곡들과 유사한 가사들은 물론 데뷔 영상부터 방탄소년단의 세계관(BU)이 연상되는 상징이 반복적으로 나타나며 다른 차원의 연결을 시도하고 있다.[26] 현실이 가상에 영향을 미치고, 가상이 또다시 현실에 영향을 미치는 서사를 통해 그들의 새롭게 진화된 목적인 '음악으로 감동을 전하고, 선한 영향력을 나누며, 삶의 변화를 함께 만들어가는 것'을 이루기 위함이 아닐까?

빅히트는 이렇게 서사를 무한한 확장성과 진화의 원천으로 삼았다. 앞에서 '위대한 기업으로의 도전' 시나리오의 통합 기본 미래를 '가치주도형 유기체적 환상사회'라고 부른 이유이기도 하다.

음악 영상의 진화도 흥미롭다. 안타깝게 수상은 하지 못했지만,

2021년 미국 그래미 어워드 시상식에서 선보인 BTS의 온라인 단독 공연영상은 큰 눈길을 끌었다. 코로나19로 시상식에 참석할 수 없었기 때문에 빅히트는 이 공연을 위해 그래미 세트장을 놀랍도록 정교하게 서울에 재현했다. 그래미 어워드의 상징인 그라모폰(최초의 디스크 축음기) 앞에서 퍼포먼스를 시작했고 그래미 어워드 포토월로 옮기며 공연하는 과정을 원 테이크(one take) 샷으로 촬영해 마치 BTS가 그래미 시상식에 참석한 것처럼 보이게 만들더니, 계단을 타고 올라가자 고층 건물 옥상에서 환상적인 서울의 야경이 펼쳐졌다. 장소를 옮겨가며 서울과 미국 로스앤젤레스 간 연결의 의미를 표현한 것이다. 영상에까지 빅히트의 목적과 가치를 녹여낸 것이다. 오죽했으면 그래미 어워드 진행을 맡은 코미디언 트레버 노아가 BTS 무대가 끝난 후 "보셨냐. 한국 서울에 있었는데 거기다 세트장을 만든 거다. 여기 오고 싶은데 못 오니까 거기 지어버린 거다. 그것만으로도 상을 줘야 한다"고 극찬했을까?[27]

지금까지 빅히트의 예를 자세히 든 까닭은 이 회사가 모든 면에서 가장 유기적인 진화를 하고 있으며 메타버스 기반의 미래형 사업을 선도적으로 이끌고 있기 때문이다. 하지만, 기업의 목적과 전략 그리고 상품 중 역시 가장 중심이 되는 진화의 축은 목적이다. 목적의 가장 큰 힘은 시장을 더 넓게 보고 시장을 새롭게 정의할 수 있게 한다는 점이다. 목적이 없는 기업은 기존 시장 안에서 시장점유율을 두고 경쟁하는 데 모든 에너지를 쏟는다. 그 결과 경직된 전략으로 성장 잠재력은 떨어지고 가격경쟁에 돌입하면서 점점 경쟁우위를 상실하게 된다. 중심을 잡지 못해 흔들리며 표류하거나 좌초한다. 반면, 목적 있는 기업은 고차원 영역에서 시장을 바라보고 변화에 따라 유연하게 조직과 상품을 변화시켜 고객에게 놀라운 경험을 제공한다. 목적이 고객 경험 확장과 생태계 확산 전략의 핵심 역할을 하기 때문이다. 그 결과 무궁무진한 성장 잠재력을 바탕으로 새로운 블루오션을 창출한다. 우리가 잘 아는 삼성전자, 신세계, 쿠팡 등의 회사도 목적을 중심으로 전략과 상품을 끊임없이 진화하는 기업들이다.

이제 '위대한 기업으로의 도전 기회' 시나리오에서 몰입할 걱정을 질문 형태로 바꿔보자. 당연히 비판적 사고도 필요하다.

- 만약 회사가 고객의 걱정과 욕구의 변화를 탐지할 시스템이 없다면 어떤 일이 벌어질까?
- 만약 회사가 사회, 경제, 기술, 정치, 환경의 변화를 탐지할 시스템이 없다면 어떤 일이 벌어질까? 왜 이런 시스템이 없을까? 어떻게 해결해야 할까?
- 만약 회사가 추구하는 목적이 없다면 어떤 일이 벌어질까? 목적에 대한 개념이 있는 것일까? 목적과 비전의 차이는 알고 있을까?
- 목적이 있더라도 액자 속 목적이 아닌가? 회사의 방침은 목적에 기반하

는가? 직원들이 회사의 목적을 모두 인지하고 업무 중에 녹여내는가?

- 만약 목적이 회사의 성장과 수익성 향상에 영향을 줄 수 없다면 어떤 일이 벌어질까? 돈만 벌 수 있다면 괜찮다는 생각을 임직원이 가지고 있는 것은 아닌가?

- 만약 목적을 전략적 의사 결정과 상품개발에 반영할 수 없으면 어떤 일이 벌어질까?

- 만약 경영진 회의 때 목적과 관련이 없는 안건만 다루면 어떤 일이 벌어질까? 그 회의를 중지시킬 시스템은 있는가?

- 만약 지금까지 한 번도 회사의 목적이 바뀌지 않았다면 그 이유는 무엇일까? 목적의 진화가 필요 없는 상황이 맞는가? 현재 시장의 변화를 회사의 목적이 충분히 반영하고 있는가?

- 만약 목적은 바뀌지 않은 채 전략 또는 상품만 다르게 바뀌어도 큰 영향이 없는가? 목적과 전략과 상품이 하나로 일관되게 정렬해 있는 것이 맞는가?

- 만약 목적이 바뀌었는데 전략과 상품은 그대로라면 어떤 일이 벌어질까? 손과 발이 따로 놀고 있는 것은 아닌가? 소비자들이 회사의 목적이 바뀌었음을 알고는 있는가?

제대로 걱정하라 : 탈출 시도 실패

오프라인에서 이미 자리 잡은 일부 중견기업과 대기업을 제외하고는 '끝없는 암흑 터널 시나리오'에서 버틸 수 있는 기업은 그리 많지 않다. 어떻게 해야 터널에서 탈출할 수 있을까? 가장 좋은 방법은 애초에 암흑의 터널에 진입하지 않는 것이다. 진입 전에 차를 멈추고 다른 우회도로로 빠져나가야 한다. 터널 멀리서 멈출수록 우회도로 선택지도 늘어난다. 터널 진입 직전에 멈추면 차를 버리고 선택지는 좁아진다. 몸만 빠져나올 수밖에 없다. 터널 안에 진입하면 차도 버리고 몸도 다친다. 타이밍이 중요하다.

　기업도 마찬가지다. 조금이라도 전염병 대유행이 반복될 조짐이 보이고 미래형 인재가 없다면, 제일 먼저 부채부터 최대한 줄여야 한다. 디레버리징(deleveraging)이다. 빠르면 빠를수록 좋다. 그래야 체력을 보존해 다른 우회도로를 찾을 수 있다. 버티려고 계속 자금을 끌어다 쓰면 실제 불황에 진입했을 때 현금 흐름은 더욱 나빠진다. 디폴트 리스크가 크게 높아진다. 터널 진입 직전이라면 부채를 청산 후 회사를 접어야 한다. 최소한 재기의 꿈은 꿀 수 있다. 이마저 늦어 이미 불황의 터널에 진입했다면, 그때는 막대한 부채를 짊어지고 접어야 한다. 재기는 꿈도 못 꾸며 채권 추심, 각종 민형사상 소송 등 끝없는 고통 속의 삶을 각오해야 한다. 하지만 이게 쉽지 않다. 자꾸 미련이 발목을 잡는다. "코로나19만 끝나면…", "이번 프로젝트만 성공하면…", "이번에 받을 돈만 들어온다면…" 이런 생각이 떠나질 않는다. 희망의 끈을 놓고 싶지 않은 것이다. 해당 사업을 오랫동안 진행할수록 더 심하다. 하지만, 경기불황의 터널 속에서는 '~만 하면'이라는 가정은 대부분 이뤄지지 않는다. 희망 고문일 뿐이다. 그동안 투자한 돈이 아깝고, 시간이 아깝고, 조금만 기다리면 될 것 같고, 무엇보다 내가 실패했다는 것을 인정하고 싶지 않고, 이런 생각들이 끊임없이 솟아나며 결단을 방해한다. 결국, 타이밍을 놓쳐 끝없는 암흑의 터널로 끌려들어가 헤어날 수 없게 만든다.

포기는 실패가 아니다. 포기가 그동안 쌓아놓은 탑을 무너뜨리는 것도 아니다. 포기는 결정의 기술이자 능력이다. 포기할 수 없으면 다른 선택도 할 수 없다. 집착을 버린 포기는 더 나은 출발을 위한 시작점이며, 리부팅(rebooting)을 위한 오프(off)일 뿐이다. 포기는 또 새로운 연결을 위한 기존과의 단절이다. 연결을 끊어냄으로써 기존 패턴은 무너지고 새로운 패턴이 생겨난다. 매일 똑같은 패턴으로 사업을 하던 리더는 포기함으로써 새로운 연결을 만들기 시작한다. 기존과는 다른 정보, 다른 사람, 다른 장소, 다른 조직, 다른 규율 등과 연결된다. 감각은 극도로 예민해지고, 모든 주변 환경이 새롭게 다가온다. 새로운 환경은 불확실성과 무질서를 동반한다. 하지만 항상 새로운 기회는 그 무질서 속에서 탄생했다. 심지어 위기 속에서 예상치 못한 기회가 솟아오른다. 이것이 '세렌디피티(serendipity)'다. 기존의 패턴을 벗어나야 우연을 마주칠 수 있다. 뜻밖의 기회는 포기의 산물인 것이다.

포기해야 할 때 포기하지 않는 것은 '끈기'가 아니라 '게으름'이다. 근거 없는 낙관주의와 어리석은 미련 그리고 선택하지 못하는 게으름이 최대의 적이다. 터널 진입 직전이라 생각하면 과감히 끊어낸 후 우회도로를 찾아 나서자. 자신의 목적을 다시 정립하고 그 목적을 나침반 삼아 미래형 사업에서 새로운 길을 모색해보자. 집착은 포기하되, 열정은 포기하면 안 된다. 세렌디피티는 기꺼이 새로운 길을 찾겠다는 의지로 준비하고 부산하게 움직이는 자에게 나타난다. 미래는 다가오는 것이 아니라 만드는 것이기 때문이다.

이제 '탈출 시도 실패' 걱정을 질문 형태로 바꿔보자.

- 만약 회사가 계속 안 되는 사업을 붙잡고 있으면 어떤 일이 벌어질까? 계속 버틸 수 있다고 생각하는 것일까? 그 근거는 무엇인가? 그 근거가 정확한가? 무슨 믿음이 그렇게 버티게 하는 것일까?
- 만약 회사가 계속 부채를 끌어다 쓰면 어떤 일이 벌어질까? 원리금 상환 능력이 있는 것인가? 무작정 끌어다 쓰고 있는 것은 아닌가? 성사될 가능성이 불확실한 프로젝트에 목숨을 걸고 있는 것은 아닌가?
- 만약 부채를 짊어지고 파산하면 어떤 일이 벌어질까? 직원들은 어떻게 행동할까? 민형사상 책임을 어떻게 짊어질 것인가? 나를 도와줄 협력사나 지인은 있는가? 가정에 문제가 생길 여지는 없는가? 친구 관계마저 끊기는 것은 아닌가?
- 만약 회사 정리 후 실의에만 빠져 있다면 어떤 일이 벌어질까? 실의에만 빠졌을 때 그 이유는 무엇일까? 돌파구가 전혀 없다고 생각하는가? 왜

없다고 생각하는가? 왜 움직이지 않는 것일까?

– 만약 회사 정리 후 새로운 관계를 맺는 데 주저하면 어떤 일이 벌어질까? 왜 주저하게 될까? 남들의 시선을 의식하고 있는 것은 아닌가? 자존심이 무너졌는가, 자존감이 무너졌는가? 주변의 말에 너무 휘둘리는 것은 아닌가?

– 만약 회사 정리 후 같은 사업에 똑같은 방식으로 다시 뛰어들면 어떤 일이 벌어질까? 무슨 믿음이 똑같은 행동을 하도록 만드는 것일까?

– 만약 회사 정리 후 새로운 목적 재정의 없이 아무 일에나 뛰어들면 어떤 일이 벌어질까? 열심히 일하기만 하면 성공할 것이라는 믿음을 가지고 있는가? 내 생각이 너무 시대에 뒤처져 있는 것은 아닐까?

제6장

DO WORRY

걱정의 정석

BE HAPPY

── 5가지 걱정 : WORRY

지금까지 우리는 4단계 걱정 전략(그림 4)을 통해 탁월한 성과를 이끌어내는 방법에 대해 살펴봤다. 먼저 자신의 걱정 스타일을 파악하고, 비판적 사고를 익히고, 쓸데없는 걱정은 버렸다. 2가지 불확실성 요소를 선택한 후 4가지 시나리오를 만들었고, 각각의 시나리오에서 몰입해야 할 핵심 걱정을 발견했다. 그 후 집중적인 질문을 통해 해결책을 찾아 탁월한 성과를 내는 것이 이 책의 여정이다.

이 걱정들은 시장의 변화에 따라 계속 변하므로 끊임없이 관찰하고, 업데이트해야 한다. 하지만, 시장이 아무리 변하더라도 변하지 말아야 할 걱정들이 있다. 근본적인 걱정으로 항상 리더가 가슴 속에 지니고 해야 할 걱정이다. 영어 WORRY의 앞 글자를 딴 5가지 걱정을 소개한다.

Way_ 같은 길을 걷고 있는가?

Open_ 열린 눈으로 보고 있는가?

Regard_상대를 소중히 여기는가?

Resilience_위기를 반전시킬 자원이 있는가?

Yield_걱정을 제대로 하고 있는가?

같은 길을 걷고 있는가 : Way ──

●

시인 정호승은 그의 산문집 《당신이 없으면 내가 없습니다》에서 태풍이 분 후 아파트 앞마당에 뿌리째 뽑혀 쓰러지고 두 동강이 난 소나무들을 보고 다음과 같이 말했다.

"미국 서남부 지역엔 밑동의 지름이 10미터인데다 키가 90미터 이상 똑바로 자라면서도 뿌리가 2~3미터밖에 되지 않는 레드우드라는 삼나무가 있다. (중략) 우리 아파트 소나무가 레드우드처럼 뿌리가 서로 연결됐다면, 나무와 나무 사이를 대나무 막대로 한데 연결해 묶어놓기라도 했다면 비록 지하주차장 위에 사는 삶이었다 하더라도 태풍에 쓰러지진 않았을 것이다."[28]

실제로 레드우드는 뿌리와 줄기가 서로 엉겨가며 자라는 나무라 서로가 서로에 기대어 캘리포니아의 강한 바닷바람을 이겨낸다. 또 레드우드는 지구상 현존하는 가장 오래된 생명체다. 무려 1억 년 전부터 지구에 존재했다. 겉으로는 다른 나무이지만 사실 같은 뿌리를 공유하기에 그리 오랫동안 공존해올 수 있었다.

기업 역시 '공동체'다. 하지만 항상 외부로부터는 불확실성에 흔들리고 내부는 갈등과 분열로 흔들린다. 레드우드처럼 오랫동안 지속 가능한 공동체를 이루려면 무엇이 필요할까? 바로 '목적'이다. 설레고 바람직한 목적을 공유했을 때 그 공동체는 '같은 길'을 갈 수 있다. 레드우드처럼 오랜 생명력을 유지할 수 있다. 따라서 리더가 해야 할 근본적인 걱정의 첫 번째는 구성원들이 각기 다른 방향을 보며 가는 상황이다.

하지만, 만일 돈이 기업의 목적이라면 다시 한번 생각해야 한다. '돈'은 목적이 아니라 결과다. 돈이 목적이 되면 '우리'가 사라진다. 구성원들은 같이 가지 않고 혼자 간다. 목적이 돈이기에 '도와줄 사람'보다는 '이용할 사람'과 '경쟁할 사람'만 있다고 생각한다. 결국, 그 조직은 오래갈 수 없다.

리더는 항상 목적에 민감해야 한다. 《진정성이란 무엇인가》의 저자 윤정구 교수는 목적을 '진북(truth north)'으로 표현했다. "진성 리더들의 삶은 삶의 궁극적인 목적이자 존재 이유인 진북, 즉 사명을 찾아 떠나는 여행"이라며 "진성 리더들은 자신과 조직의 신성한 목적인 진북을 세워 구성원들과 함께 이 진북을 찾아 여행을 떠나고 여행의 안내자가 된다. 따라서 목적을 찾지 못한 진성 리더는 있을 수 없다"고 말했다.[29]

목적에는 소중한 가치가 담겨 있어야 한다. 어떤 가치가 더 많은 '우리'에게 행복을 가져다주는지 생각해야 한다. 지금은 작고하신 철학자 김태길 선생은 다음 네 가지를 갖춘 가치일수록 가치가 더 높다고 했다. 첫째, 가치의 수명 둘째, 가치가 사람들에게 줄 수 있는 혜택의 범위와 크기 셋째, 목적으로서의 가치 넷째, 가치를 얻은 사람에게 주는 만족감의 강도와 만족의 지속성이 그것이다. 오래갈수록, 더 많은 사람이 혜택을 받을수록, 수단이 아닌 목적일수록, 받는 사람이 오랫동안 크게 만족할수록 가치 있다는 것이다.

이런 관점에서 바라보면 '돈'은 좋은 가치가 아니다. 돈은 많은 사람이 나눠 가지기 힘들 뿐 아니라 오래가지도 않는다. 오래간다 해도 딱 인간의 수명만큼만 유지된다. 게다가 돈은 목적이 아니라 수단일 뿐이다. 권력, 명예, 향락을 위한 수단일 뿐이다. 권불십년(權不十年)이라 했다. 권력도 10년을 가지 못한다. 권력도 많은 사람이 나누지 못한다. 권력 역시 원하는 바를 이루기 위한 수단일 뿐이다. 명예도 '우리'의 것이기보다는 특정 개인의 것이다. 남에게 인정받음으로써 자신의 욕구를 채우는 수단일 뿐이다.

하지만 음악은 다르다. 음악은 나눌수록 여러 사람에게 혜택을 준다. 1914년 12월 24일 100m 거리도 안 되는 곳에서, 극도의 긴장감 속에 서로 총구를 겨누고 있던 독일군과 영국·프랑스 연합군 사이. 그 차디찬 적막을 뚫고 어디선가 크리스마스캐럴이 들려왔다. 독일군 중 누군가가 부른 것이었다. 그러자 상대 진영인 영국군도 함께 캐럴을 따라 부르기 시작했다. 노래가 끝나자 놀랍게도 독일군 장교가 진지에서 나와 영국군 하사와 악수했고, 죽은 전우들을 같이 묻고, 선물을 교환하고, 국가 대항 축구 경기까지 했다. 한 곡의 노래가 1차 대전 발발 후 첫 휴전을 만들어낸 것으로 역사는 이날을 '크리스마스 휴전'으로 기록하고 있다. 이처럼 음악은 '우리'를 함께 행복하게 만든다. 사랑도 이러하다. 주면 줄수록 더 많은 사람에게 혜택이 돌아가고, 그 무엇보다 오래가며, 그 자체로 목적이다. 지식도 그러하다. 나눌수록 커진다. 모든 사람에게 골고루 혜택이 돌아간다. 위대한 고전이나 사상은 천년의 세월이 흘러도 많은 사람에게 영감을 준다.

지혜를 나누는 것을, 고통받는 사람을 위로하고 도와주는 것을, 차별과 편견 없는 세상을 만드는 것을, 가족 간 사랑과 신뢰를 지키는 것을, 새로운 생각과 의견을 통해 세상을 유익하게 하는 것을, 빈부 격차를 줄이는 것을 기업의 목적으로 삼는다면 기업은 사회를 긍정적으로 변화시킬 만한 힘을 갖게 된다.

── 열린 눈으로 보고 있는가 : Open
●

생각이 닫혀 있으면 시야가 좁아진다. 엄마와 딸이 자동차를 타고 가다 커다란 교통사고를 당했다. 불행하게도 엄마는 그 자리에서 숨지고 딸은 생명의 위협을 받을 정도로 크게 다쳐 인근 병원 응급실로 옮겨졌다. 긴박한 상황, 그런데 황급히 의사와 함께 들어온 간호사가 깜짝 놀라며 울부짖었다. "오! 내 딸아~~" 도대체 어떻게 된 상황일까? 울부짖는 간호사는 누구일까?

대개 그 울부짖는 간호사가 진짜 엄마로 생각한다. 사고로 숨진 엄마는 새엄마라는 거다. 하지만 그 간호사는 아빠였다. 좀 당황스럽다. 간호사 하면 우리에게 떠오르는 이미지는 여성인 탓이다. 미국의 인지언어 심리학자 조지 레이코프(George Lakoff)는 이런 현상을 '프레임(frame)'이라고 명명했다. 그는 프레임을 '특정한 언어와 연관돼 연상되는 사고의 체계(틀)'라고 규정한다. 예를 들어 '의사'라는 단어를 보거나 들으면, 자연스럽게 '병원'이란 체계(system)를 연상한다. 병원과 관련된 여러 가지 개념인 환자, 간호사, 병실 등과 같은 체계 속에서 의사라는 의미를 이해한다. 여성 간호사, 남성 의사 그리고 수술실 등을 떠올린다. 의사 옆에서 수술을 도와주는 여성의 모습이 자연스럽게 연상된다. 그래서 간호사라는 말을 듣거나 단어를 보면 여성이라는 이미지가 떠오르는 것이다. 게다가 이미 형성된 프레임은 상황이 바뀌어도 잘 바뀌지 않는다. 프레임을 다른 말로 표현하면 고정관념이다. 하지만, 요즘에는 남성 간호사도 많다. 2019년 간호대에 재학 중인 남학생 수는 2만 4,058명으로 전체 간호대 재학생(10만 7,649명)의 22.4퍼센트에 달한다.[30] 이처럼 세상은 빠르게 변하는데 '간호사는 여성'이란 프레임에 계속 갇히면 변화에 대한 적응력은 형편없어진다. 사고의 틀이 고정돼 있으면 결국에는 편향된 시각을 갖는다.

　세상을 열린 시선으로 바라보려면 무엇이 필요할까? 비판적 사고를 기본으로, 통찰과 상상력 그리고 협업능력을 키워야 한다. 통찰(洞察)의 사전적 의미는 '이제까지 전체적인 연관을 갖지 않던 막연한 사물이 새롭게 다른 사물과의 연관을 가지고 하나의 체계적인 맥락, 분절된 전체로서 파악되는 것'이다. 전체 맥락 속에서 부분을 파악할 수 있는 능력이 바로 통찰이다. 불확실성이 큰 시대에는 끊임없는 관찰을 통해 변화의 전체 구조를 파악하고 그 안에서 특정 사건과 사고를 해석할 수 있어야 한다. 확실성 시대에는 통찰이 모든 사람에게 필요하지 않았다. 탁월한 리더 한 사람만 통찰력이 있어도 그 조직은 성공했다. 하지만 지금처럼 불확실한 시대에는 구성원 개개인도 통찰력이 있어야 한다. 시스템사고를 훈련하는 것도 좋은 방법이다. 온라인 서점에서 '시스템사고'를 검색하면 관련 책을 찾을 수 있다.

　상상(想像)력 역시 열린 시선을 갖기 위해 대단히 중요하다. 다양한 가능성의 미래를 생각할 수 있어서다. 상상은 공상(空想)으로 빠지기 쉽다고 생각할 수 있지만, 가상현실, 홀로그램, 3D 프린터, 오감 디지털화 등 상상을 현실로 만드는 수많은 기술이 쏟아져 나오면서 누가 더 풍부한 상상을 하느냐에 따라 기업의 성패가 갈린다.

　협업(協業)도 열린 시선을 갖추는 데 중요하다. 불확실성 시대에는 지식의 변화가 너무 빨라 혼자서는 도저히 따라잡기 힘들다. 집단 지성을 활용해야 변화의 속도를 따라잡고 세상을 더 열린 눈으로 볼 수 있다. 회사 외부에서 각기 다른 분야에 종사하고 있는 사람들과 모임을 만들어 변화와 관련된 뉴스를 가지고 토론해도 시선이 넓어진다. 같은 뉴스를 얼마든지 다른 관점으로 바라볼 수 있음을 새삼 깨닫게 된다. 열린 눈은 혼자가 아닌 함께 세상을 바라보고 나눌 때 얻을 수 있다. 리더는 닫힌 시선으로 세상을 보는 것을 항상 경계하고 걱정해야 한다.

상대를 소중히 여기고 있는가 : Regard ──

●

리더는 항상 직원과 소비자의 마음을 읽어내려 애써야 한다. 혹시 통제의 대상이나 판매의 대상으로 여기는 것은 아닌지 항상 걱정해야 한다. 그들을 정말로 소중히 여겨야 한다.

앞을 못 보는 사람이 밤에 물동이를 머리에 이고, 한 손에는 등불을 들고 길을 걸었다. 그와 마주친 사람이 물었다. "정말 어리석군요. 당신은 앞을 보지 못하면서 등불은 왜 들고 다닙니까?" 그가 말했다. "당신이 나와 부딪히지 않게 하려고요. 이 등불은 나를 위한 것이 아니라 당신을 위한 것입니다."

한상복 작가의 《배려》에 나오는 내용이다. 배려의 사전적 의미는

'도와주거나 보살펴 주려고 마음을 씀'이다. 앞을 못 보는 사람은 어둠 속에서 상대가 자신과 부딪히는 일을 방지하기 위해 등불을 들었다. 감동은 이때 온다. 어두운 길을 가는 나는 굉장히 무섭고 불안했을 것이다. 그 마음을 맹인은 읽고 자신에게 별 필요가 없는 등불을 들었다. 회사도 마찬가지다. 회사가 일방적으로 주고 싶은 배려는 직원이나 소비자에게 감동을 주지 못한다. 그들에게 정말 필요한 것을 줄 때 감동을 줄 수 있다. 탈수 직전의 사람에게 비싸고 맛있는 음식을 가져다주면 욕만 먹는다. 차가운 물 한 잔이 그에게는 가장 필요하다. '정말 필요한 때'에 '정말 필요한 것'을 줄 때 직원과 소비자의 마음을 얻을 수 있다.

소중히 여기는 마음과 배려는 과연 어디서 나올까? 상대에 대한 '호기심'에서 나온다. 호기심은 창의성의 원천일 뿐 아니라 인간관계에 있어도 아주 중요한 요소다. 할리우드를 대표하는 영화 제작자로 〈뷰티풀 마인드〉, 〈아폴로13〉, 〈8마일〉, 〈다빈치코드〉 등 수많은 히트 작품을 제작한 브라이언 그레이저는 그의 저서 《큐리어스 마인드》에서 다음과 같이 말한다.

"나는 날마다 호기심을 발휘해 직원들을 관리한다. 지금까지 이야기한 방식들뿐 아니라 신뢰와 협조를 구축하는 도구로서도 호기심을 활용한다. 내 아내와 아이들, 친구들에게도 날마다 호기심을 갖기 위해 노력하는데 관계의 생기를 유지하고, 관계가 끊어지지 않도록 하기 위해서다. 인간관계는 삶에서 가장 중요한 부분이며, 지속적인 행복과 일상생활에 대한 만족으로 가는 문이다. 그리고 호기심은 관계를 맺게 하고 유지하도록 돕는 그 문의 열쇠다."[31]

직장에서 상사가 부하에 대해 호기심이 없으면 그 부하를 알 수 없다. 시장에서 소비자에 대한 호기심이 없으면 소비자를 알 수 없다. 그들이 무엇을 좋아하고 싫어하는지, 관심사가 무엇인지 모르는데 소통이 될 리가 없다. 소통이 안 되는데 더더욱 제대로 된 배려를 할 리 없다. 호기심이 있어야 정말 중요한 상대의 걱정과 문제점을 알 수 있다. 영문 서신 끝에 'best regards'라는 말을 많이 쓴다. regards는 '존중하고 중요시하다'는 의미로 best regards는 상대에 대한 최고 수준의 존중을 나타낸다. 변하지 않고 항상 해야 할 걱정 중 하나가 바로 직원과 소비자에 대한 배려를 잊지 않는 것이다.

위기를 반전시킬 자원이 있는가 : Resilience ──
●

앞에서 한국의 10년 기본 미래를 '장기 저성장 변동성 시대'라 했다. 장기간 경기 침체 속에서 끊임없이 예상치 못한 사건이 발생한다는 의미다. 따라서 리더는 회사가 어려움과 역경을 오히려 도약의 발판으로 삼는 회복탄력성(resillience)을 갖추고 있는지를 항상 걱정해야 한다. 《회복탄력성》의 저자 김주환 교수는 "회복탄력성은 변화하는 환경에 적응하고 그 환경을 스스로에게 유리한 방향으로 이용하는 인간의 총체적 능력"이라고 정의했다. 생존심리학의 대가 앨 시버트는 그의 저서《생존력》에서 뜻밖의 상황에 잘 적응하는 사람에게는 특별한 능력이 있다며 다음과 같이 말했다.

"번영을 이룬 사람은 낙천적이어서 이런 질문을 던진다. 무슨 일이 벌어진거야? 내가 처한 현실이 어떻게 바뀐 걸까? 난 뭘 할 수 있을까? 이 상황이 왜 내게 도움이 되는 걸까? 온갖 일이 벌어지는 와중에도 이들은 종종 즐거움을 찾아낸다. 공감력과 창의적 사고를 동원해 자신들이 만들어낼 결과를 상상한다. 자신감을 잃지 않고 이런저런 방법을 실험하며 더 나은 방법을 모색한다. 상황이 예상과 다르게 전개되더라도 유연성을 잃지 않는다."

처음 이 구절을 읽었을 때 들었던 생각은 '이게 과연 가능할까'였다. 엄청난 압박 속에서 즐겁게 상황을 받아들이고 공감과 창의적인 사고를 할 수 있다는 것이 결코 쉬운 일이 아니기 때문이다. 하지만 앨 시버트는 가능하다고 말한다.

"자기 자신에 대한 내적 경험을 흔히 자존감, 자신감, 자아상이라는 말로 표현한다. 이 세 가지가 강하고 긍정적이고 건강하면 인생의 역경을 잘 헤쳐나갈 수 있다. 반대로 이 세 가지가 나약하면 같은 역경에도 더 많은 고통을 받고 더 많이 좌절한다. 이것들이 어떻게 작용하고 어떤 영향을 미치는지 이해하면 내적 자원을 좀 더 잘 키울 수 있다."

자존감, 자신감, 자아상 이 세 가지가 회복탄력성의 뿌리다. 자존심과 자존감은 비슷하지만 다른 말이다. 자존심은 '남에게 굽히지 않고 자기를 높이는 마음'으로 자존심의 근간에는 타인과의 비교와 평가가 있다. 자존심이 높은 사람은 자신을 향한 타인의 시선에 민감하다. 그래서 주변 사람과 피상적인 관계만을 맺는다. 반면 자존감은 '스스로 자신의 가치를 인정하고 자신을 존중하고 귀하게 여기는 감정'이다. 자존감이 높은 사람은 자신을 존중하고, 상대에게 개방적이고 협조적이며 능동적이다. 자신감은 자신이 어떤 새로운 활동을 잘해낼 것이라는 기대다. 그리고 자아상은 자신이 누구이며 어떤 사람인지에 대한 스스로의 생각을 말한다. 대기업을 다니다 은퇴 후 창업을 하면 실패 확률이 큰 이유는 바로 대기업에서 자존심만 키우고, 근거 없는 자신감만 가득하며, 회사의 정체성을 자신의 자아상으로 착각하기 때문이다.

건강한 자존감, 강한 자신감, 긍정적인 자아상은 철저하게 성찰하고 사고하고 훈련해야 갖출 수 있다. 이 세 가지가 갖춰져야 두려움을 이겨내고 상황을 유리하게 이용할 수 있다. 그런데 이 세 가지를 한 단어로 말하면 '자기효능감'이다. 앞에서 리더가 무기력에 빠지는 이유가 자기효능감 부족임을 다시 한번 기억하자. 리더는 항상 자신 또는 조직이 자기효능감 부족에 빠지지 않을까 그래서 회복탄력성을 잃지 않을까 걱정해야 한다.

—— 제대로 걱정하고 있는가 : Yield

●

위의 4가지 근본적인 걱정과 더불어 몰입할 모든 걱정은 신경을 곤두세우지 않으면 잊기 쉽다. 하지만 이 역시 쉬운 일이 아니다. 걱정도 연습이 필요하다. 연습(演習)의 사전적 정의는 "반복에 의하여 기능을 세련시키고 고정해 하등의 정신적 저항 없이 쉽게 재생시키며, 어떤 장면에서도 원활하게 사용할 수 있게끔 자동적으로 결합 또는 반응할 수 있도록 숙달하는 것"으로 쉽게 말하면 '습관화'하는 것이다. 뻔한 이야기 같지만 어떤 일이든 꾸준한 연습으로 습관화하면 성과는 자연스럽게 나온다.

찰스 두히그는 전 세계 300만 부 베스트셀러인 《습관의 힘》에서 습관이 만들어지는 3단계를 설명한다. 자극(신호)이 발생하면 반복된 행동이 이뤄지고 마지막으로 보상을 느끼게 될 때 습관이 형성된다. 보상 때문에 뇌가 해당 신호를 기억할 가치가 있다고 해석하고 반복된 행동을 하게 된다. 좋은 습관을 만드는 법은 적절한 신호를 만들고, 반복된 행동과 보상이 적절하게 연결되도록 설계하는 것이다. 이때 명심할 것은 반드시 심리적 또는 물질적 보상을 받을 수 있도록 디자인하는 것이다. 이런 보상이 있어야 지속적인 반복이 가능해 습관화된다.

세계적인 무용가이자 이종 분야 융합의 대가인 트와일라 타프(Twyla Tharp)는 고전발레와 현대발레를 결합한 최초의 크로스오버발레 창시자이자 영화 〈아마데우스〉와 〈백야〉의 안무를 맡은 유명인사다. 브로드웨이에서만 1,331회의 공연을 기록했다. 그런데 그녀는 "창조성은 타고나는 것이 아니라, 고된 노력과 좋은 습관이 만들어낸 결과"라고 주장한다. 그녀는 자신의 저서 《천재들의 창조적인 습관》에서 오늘의 자신을 만든 습관에 관해 이렇게 이야기한다.

"나는 매일 아침을 나만의 의식으로 시작한다. 새벽 5시 30분에 일어나 연습복을 입고, 워머를 신고, 후드티를 걸치고, 모자를 쓴다. 그리고는 집 밖으로 나와 택시를 불러 세우고, 운전사에게 퍼스트 애비뉴 91번가에 있는 펌핑 아이런 헬스장으로 가자고 한다. 그곳에서 앞으로 두 시간 동안 운동을 할 것이다. 내 의식은 매일 아침 헬스장에서 하는 스트레칭과 웨이트 트레이닝이 아니다. 내 의식은 바로 택시다. 운전사에게 목적지를 말하는 순간, 내 의식은 끝난다."

그녀에게 창조적 습관의 시작은 새벽에 택시를 탄 후 운전사에게 목적지를 말하는 행위(신호)였다. 의도적으로 신호를 만들고 숭고한 의식으로 여겼다. 그 후 매일 아침 헬스장서 반복된 훈련을 했고, 이에 따른 성과가 보상으로 연결되며 고된 훈련을 습관으로 만들어 위대한 성과를 거둔 것이다. 좋은 걱정을 습관화하는 것도 마찬가지다. 먼저 신호를 만들자. 아침에 일찍 출근하자마자 10분씩 명상하는 행위를 신호로 삼을 수도 있고, 커피 한 잔을 신호로 만들 수도 있다. 그 행위 후에는 반드시 해야 할 걱정과 몰입할 걱정 리스트를 살펴보자. 매일 반복해야 한다. 그 후 진행 과정을 점검해보자. 그 걱정을 해결함으로써 어떤 성과가 있었는지 직원들과 함께 이야기 나누고 축하하자. 신호를 만들고, 행위를 반복하며, 이를 보상과 연결해야 좋은 습관이 된다.

정석(定石)은 바둑 용어다. 역대의 명인, 상수들이 생각해낸 공격과 수비에 정형화된 가장 좋은 방법을 뜻한다. 내가 명인이나 상수는 아니지만, 오랜 기간 미래와 걱정에 천착해오며 연구한 결과 이 다섯 가지 걱정은 기업이나 개인의 삶에 가장 바람직한 성과를 가져다줄 근본적인 걱정임을 확신한다. 이 다섯 가지 걱정을 바탕으로 기업과 개인의 상황에 맞는 핵심 걱정에 몰입할 때 불확실한 시대에 탁월한 성과를 낼 수 있게 될 것이다.

에필로그

걱정이라는 주제로 첫 원고를 쓰기 시작한 지 벌써 5년이라는 세월이 흘렀다. 그사이 고치고 새로이 쓴 원고만 4번이 넘는다. 그만큼 내게 많은 걱정을 안겨줬던 책이다. 이제 드디어 오래된 숙제를 마친 느낌이다.

원고를 고치며 쓸수록 강해지는 생각은 '정말 걱정을 잘해야겠구나'였다. 걱정은 해서는 안 될 것, 하면 좋지 않은 것이 아니었다. 걱정은 본능이지만 길들여야 할 것이었고, 잘해내야 할 것이며, 지속해서 강렬하게 하는 것이었다. 특히 리더에게 제대로 된 걱정은 현명한 의사 결정의 토대이자 기본이다. 좋은 걱정을 할수록 탁월한 성과가 나온다. 위대한 리더들은 좋은 걱정을 통해 해결책을 생각하고 실행에 옮김으로써 기업을 성장시켰다.

반면, 리더의 나쁜 걱정은 마음과 몸을 갉아먹으며 결국 기업을 파멸에 이르게 한다. 특히 자기 파괴적 걱정은 조심해야 한다. 걷잡을 수 없이 번지는 마음의 산불이기 때문이다. 자칫 마음의 생태계를 몽땅 태워버릴 수 있다. 따라서 산불이 나면 곧바로 진화하지 않으면 안 된다. 어떻게 해야 할까? 먼저, 빠르게 평정심을 되찾아야 한다. 흔들리는 마음으로 중심을 잡을 수는 없다. 평소 명상이나 요가, 기도 등을 통해 마음을 챙기는 훈련을 닦아야 한다. 자신의 감정을 항상 살피자. 언제 어떤 감정이 나를 흔드는지 관찰하자. 그 자체로도 자신을 객관적으로 바라볼 수 있어 냉정할 수 있다. 실제로 산불이 났을 때는 헬기로 공중에서 물을 뿌려 주불을 잡는다.

다음으로 정말 집중해야 할 걱정으로 맞서야 한다. 산불 확산을 막기 위해 맞불(backfire)을 놓는 경우가 있는데, 이는 산불 앞쪽에 불을 놓아 불의 연료 역할을 하는 잡초더미들을 미리 제거하기 위함이다. 정말 해야 할 걱정에 몰입함으로써 잡초 같은 걱정들을 제거하는 것이다. 리더가 통제할 수는 없지만, 기업의 미래에 큰 영향을 미칠 수 있는 불확실한 요소를 추려내 시나리오를 구성해보자. 그 시나리오 속에 뛰어들어 상상하며 반드시 해야 할 걱정을 찾아내자. 그리고 질문 폭탄을 던지자. '만약~면 어쩌지?'라는 질문을 던지며 애를 태우자. 그런 상황이 될 때 어떻게 해야 할지 미리 준비하고 관찰하자.

제대로 된 걱정으로 맞불을 놓으면 멋대로인 마음의 산불은 사그라들고 새로운 열정의 불이 타오르기 시작할 것이다. 이 열정의 불은 미개간지나 휴경지를 새롭게 경작할 때 들풀과 잡목을 태우는 농

법인 화전(火田)과 다름없다. 맞불이 만든 마음속 잘못된 걱정의 부식물과 재는 오히려 미래의 풍요로운 경작물의 밑거름이 될 것이다.

걱정하자. 그리고 움직이자. 제대로 하는 걱정은 원하는 미래를 만든다.

"Do worry, Be happy."

이 책이 나올 수 있었던 계기를 만들어주신 지식유목민 김건주 작가님, 초기 원고에 아낌없는 조언을 해주셨던 인문학자 김경집 선생님, 부족한 원고임에도 꼼꼼히 살펴주신 더난출판사 편집부, 그리고 항상 깊은 배려심과 새로운 비전을 제시해주신 글로벌 비즈니스 전략가 배동철 회장님께 다시 한번 감사의 말씀을 드린다. 마지막으로 가장 어려운 시기에 든든한 버팀목이 되어주신 아버님과 하늘에 계신 어머님 그리고 사랑하는 가족들에게 이 책을 바친다.

주

1 〈중앙일보〉, "한국인이 세계에서 '지독한 겨드랑이 냄새'가 가장 안 나는 이유" 2017.3.

2 〈헬스포커스〉, "시력 손상되면 치매 위험 1.4배", 2020. 7. 2.

3 〈조선일보〉, "민식이법 적용 사례 보니… 37.5퍼센트 재판에 넘겨져", 2020.11.2.

4 〈연합뉴스〉, "집값 주무르는 '스타 강사'의 입… 손실 우려도", 2020.2.16.

5 〈경향신문〉, "소아정신과 전문의 85퍼센트 '영유아 선행학습, 정신건강에 해롭다'", 2020.12.01.

6 링크 참조. https://www.youtube.com/watch?v=oSDC4C3_16Y

7 〈한국일보〉, "24년 동안 썩지않는 맥도날드 햄버거… 그 원리는?", 2020.9.1.

8 링크 참조. https://www.youtube.com/watch?v=e9l-NXSHJX8

9 〈하버드비지니스리뷰〉, "루키 CEO가 더 나은 성과를 내는 이유", 2021.1-2월호.

10 Edmund J. Bourne, 《불안·공황장애와 공포증 상담 워크북》, 학지사, 2016.

11 The 27-item Intolerance of Uncertainty Scale (IUS: Freeston et al., 1994).

  (27개 측정항목을 저자가 25개로 수정)

12 〈하버드비즈니스리뷰〉, "정확한 판단을 구성하는 6가지 요소들", 2021.1-2월호.

13 〈동아비즈니스리뷰〉 "창업자여, 부와 권력 중 하나만 추구하라", 315호.

14 〈오마이뉴스〉 "20대가 신천지에 빠지는 4가지 이유", 2020.3.4.

15 《위대한 기업의 선택》짐 콜린스. 모튼 한센 저, 김명철 역, 김영사, 2012.10.10.

16 〈유멘시아〉 설문 항목을 저자가 일부 수정.

17 〈투데이 신문〉, "실리콘밸리 재직자 62퍼센트 '내 무능 발각 두려워'… 연차 높아져 도 '가면 증후군 여전", 2020.8.3.

18 M.닐 브라운, 스튜어트 M. 킬리, 《비판적 사고력 연습》, 돈키호테, 2016.

19 〈MoneyS〉, "대세는 메타버스… 로블록스 이코노미 '눈길'", 2021.3.28.

20 〈오마이뉴스〉, "내년 또다른 감염병? 인간에게 옮길 수 있는 바이러스 82만개", 2020.12.29.

21 〈매일경제〉, "美파월 또 '긴축' 선긋기···2023년까지 제로금리 시사", 2021.2.25.

22 〈조선비즈〉, "美 인플레 논란, '좋은 인플레論' 띄우는 Fed···'弱달러' 더 강해지나", 2021.2.17.

23 〈하버드비즈니스리뷰〉, "코피티션의 규칙", 2021.1-2월호.

24 〈인베스트 조선〉, "빅히트·SM·YG 품은 네이버, 엔터 업고 '글로벌 플랫폼' 공략", 2021.1.28.

25 〈유튜브〉, "방탄소년단(BTS) 없는 빅히트? 아무도 몰랐던 그들의 계획", 캐치TV, 2021.2.25.

26 〈하나금융 Equity Research〉, "빅히트 유니버스와 온라인 디즈니랜드의 시너지는 이제 시작", 2020.9.22.

27 〈한국경제〉, "그래미에 울려 퍼진 '다이너마이트'···BTS, 亞 최초 단독 무대", 2021.3.15.

28 정호승, 《당신이 없으면 내가 없습니다》, 해냄, 2014.

29 윤정구, 《진성성이란 무엇인가》 한언, 2012.

30 〈헬스코리아뉴스〉, "남자 간호사와 여자 의사 ··· 의료계, 전통적 性역할 허물어졌다", 2021.3.9.

31 브라이언 그레이저, 《큐어리어스 마인드》, 열림원, 2016.